조윤정 수필집

blue, 그·리·움

블루, 그·리·움

조윤정 수필집

1판 1쇄 인쇄/ 2021년 1월 5일
1판 1쇄 발행/ 2021년 1월 7일

지은이 / 조윤정
펴낸이 / 우희정
펴낸곳 / 도서출판 소소리

등록 / 제300-2007-21호
주소 / 03073 서울 종로구 성균관로 5길 39-16
전화 / 765-5663, 010-4265-5663
e-mail: sosori39@hanmail.net
www.sosori.net

값 12,000 원

*잘못된 책은 바꿔드립니다.

ISBN 979-11-5891-154-6   03810

조윤정 수필집

blue, 그·리·움

소리

책을 내면서

여섯 번째의 스케치북

    어영부영이라는 말이 딱 들어맞는다.
    크고 작은 일상에 쫓기며 마음을 다잡지 못했다.
    핑계도 많았다. 첫 손자를 보았고, 코로나 바이러스라는 복병 때문에 전전긍긍했다. 아기에게 해가 갈까봐 방문도 삼가다 두 달여 만에 겨우 상면을 했고 그 후에는 보고 싶은데 마음대로 들락거리지 못해 또 안달복달이었다. 백일이 지나고 6개월이 되어 제법 똘똘해지니 조금 마음이 놓여 자주 아이를 보러 간다.
    일상의 중심이 바뀌었다. 아기를 위해 외출을 삼가고 청결에 신경을 쓰고 그렇게 할미가 되어 '경자년'의 반을 흘려보냈다. 그러다 뒤적인 컴퓨터에서 저장된 원고가 다 날아가고 백지가 된 걸 발견하고 머릿속이 텅 비어버렸다. 하소연하는 내게 '다시'를 일깨워준 소소리 우대표의 도움으로 겨우 빈 공간을 채우게 되었다. 어수선한 사회적 분위기에 휘둘렸던 얼마간의 시간을 뒤로 정신을 차리고 보니 할 일이 참 많다. 해가 바뀌어도 만나지 못한 지인들, 놓아 버린 글쓰기, 그저 심드렁한 일상들.

  누군가 우스갯소리로 죽을 준비는 다 되어 있으니 살기만 하면 된다고 했다. 이제 조금 더 열심히 무언가를 해야 할 일이 남아 있다.

2021년 신년
저자 조윤정

▷ 차 례

▶ 책을 내면서

1. 금빛을 따라서

Gracias ─ · 13

도떼기시장 ─ · 19

남아있는 자국들 ─ · 24

타향살이 ─ · 28

그라나다를 지나다 ─ · 33

론다에서 ─ · 38

버킷리스트를 지우다 ─ · 41

금빛을 따라서 ─ · 46

에필로그 ─ · 49

2. 다른 생각, 다른 풍경들

비슷한 세상, 사람들 ― · 55

약속 ― · 59

눈치 ― · 63

마무리 ― · 68

어느 더운 날 ― · 72

일제는 안 돼? ― · 76

요술은 요술일 뿐 ― · 80

호구의 여행 ― · 83

블루빛 유혹 ― · 88

손절 ― · 92

벼룩의 간 ― · 94

목요일의 쇼핑 ― · 98

남은 숙제 ― · 102

3. 흐름은 멈추지 않는다

어느 봄날에 — · 107
애착과 집착 — · 112
입맛 — · 117
너와 나의 다름 — · 120
우울한 겨울 — · 123
알 수 없음 — · 126
고슴도치 사랑 — · 128
푸른빛이 그립다 — · 131
65세 이하 — · 135
재롱잔치 — · 138
먹고 죽은 귀신들의 때깔 — · 140
백발이 좋다 — · 142
어르신 — · 145
라떼는 말이야 — · 148

4. 예쁜 당신들

남의 집 김치 —· 153
인정과 몰염치한 기억 속 사과 —· 155
섬 —· 159
나쁜 기억 —· 162
답이 늦은 그림엽서 —· 166
생긴 대로 —· 169
나르시시즘 —· 171
눈치와 염치 —· 173
왜? —· 177
월남여자 —· 180
예쁜 당신들 —· 183
만나지 않아도 좋을 사람 —· 186
광기에 물들다 —· 190
금수저와 흙수저의 식탁 —· 193

1.
금빛을 따라서

영화에서 보았던 잘생긴 남자들. 붉은 천을 흔들며 황소를
유혹하던 몸짓에 발을 구르며 흥분하던 사람들의
소리가 투우사의 동상 앞에서 잦아들었다.
모든 것은 지나가고 잊히기 마련이다.

Gracias

 13시간 30분에 30분을 보태고야 땅을 밟았다. 착륙을 위해 하늘에서 30여 분을 맴도는 비행기 안에서 멀미가 났다. 이 무슨 고행일까. 시작도 전에 짜증이 일었다. 출발은 설렘으로 붕붕 떠있었는데. 머리털 나고 처음으로, 아니 결혼하고 처음으로 명절에 한국 땅을 떠나다니, 그토록 부러웠던 공항의 인파 속에 내가 끼어 있다니.
 더도 말고, 덜도 말고 오늘만 같아라 싶었다. 더구나 스페인이다. 늘 어떤 곳일까, 상상으로 그렸던 가우디의 '사그라다 파밀리아'를 볼 수 있다. 기대로 가득했던 설렘이 뻥 터지는 것 같다. 제발 이 비행기에서 1분이라도 빨리 내려지기를 고대하며 세끼의 기내식을 받아먹고 양치도 하고 물수건으로 세수도 하고, 저려오는 다리를 두들겨 가며 13시간 30분을 견뎠다.

그런데 내릴 자리가 없다고 공중에서 스으슥 묘한 기류를 타며 30여 분을 떠있었다. 여기저기서 '아이고 힘들어 죽겠네.' 소리가 터져 나온다. 나는 몸살이 날 것 같았다. 저녁으로 먹은 기내식이 비위에 안 맞았었는데 시차 탓인지 속이 메슥거려 몸은 이미 파김치가 되어 있다.

바퀴가 땅에 닿고 드디어 문이 열렸다. 승객보다 배로 피곤했을 승무원들이 "좋은 여행 되세요." 인사를 하며 밝게 웃는다. 갑질에 시달린다는 승무원들이 다시 보인다. 내 앞자리에 앉은 어떤 녀석도 컵라면, 와인, 물 등을 달라며 정확하게 8번의 벨을 눌렀다. 그 녀석 나름의 권리 찾기 일까. 그래도 내게는 싸가지 없는 녀석이다.

첫 발자국을 뗀 '마드리드' 공항에서 그 녀석을 포함한 32명의 일행이 인사를 나눴다. 32명이라니. 기함을 할 판이다. 무수히 많은 패키지여행을 갔었지만 32명이라는 숫자를 처음 만났다. 이번에는 처음이 참 많구나. 대부분 삼삼오오 가족으로 묶여 있다. 우리 부부가 제일 나이가 많을까 했더니 팔순의 부부가 딸 내외와 함께 오셨다. 40대의 젊은 부부가 3팀. 모녀와 부자가 한 팀씩. 남매를 데리고 온 부부도 젊은 편이다. 즐거운 표정으로 재잘거리는 젊은 부부들을 보며 나는 저 나이 때에 꿈도 못 꾼 일인데, 저이들은 세상을 사는 것 같이 사는구나 부러웠다. 그때 그 시절 여자들에게 명절은 부엌과 한 몸이 되는 노비의 신세와 무어 달랐을까. 쉴 새 없는 먹고 치우기의 며칠 동안이 그리 즐거운 명절이었을까. 위세 등등한 시어머니들의 갑질이 명절이면 빛을 발했지. 참 가치 없는 날들의 기억이다.

아침 11시 30분부터 13시간을 날아왔지만 7시간의 시차로 여기는 아직 초저녁이다.

호텔로 데려가더니 잠을 자란다. 저녁은 비행기에서 먹은 국적불명의 요리가 전부인데 알뜰하게 굶기는 장사를 한다. 피곤에 절은 일행들이 군소리 않고 짐을 끌고 방으로 사라진다. 남편은 속이 허전하다고 그새 라면을 찾는다. 대단한 위장이라고 이죽거리면서 라면포트에 물을 끓이고 그 덕에 뜨거운 차 한 잔을 마셨다. 수질이 나빠서 일일이 생수를 먹어야 한다는데 혹시나 넣어온 생수 2병이 도움이 됐다. 한 젓가락을 권하는데 냄새도 싫다. 국물까지 남김없이 먹고 나서야 속이 풀린다는 저 남자의 위장이 궁금하다.

날이 밝았다. 스페인의 첫날. 커피 냄새가 근사하다. 호텔 조식은 의외로 맛깔스러웠다. 남정네들은 접시에 넘치게 햄과 소시지, 빵을 담아와 든든한 아침식사를 한다. 정말 튼튼한 위장들이다.

버스에 태워져 4시간을 달렸다. '사라고사'다. 필라르 성모 대성당을 찾았다. '필라르'는 기둥이라는 뜻인데 스페인어에 무지한지라 영어 단어와도 발음이 현저히 다른 명칭들을 이해하기 힘들다. 예수님의 12제자 중에 한 명인 야고보가 포교에 지쳐있을 때, 그가 예루살렘에서 가져온 기둥 위에 성모 마리아가 나타나 용기를 주었고 그래서 지어진 성당 이름이 '기둥 위의 성모 마리아 성당'이다. 웅장하고 아름다운 11개의 둥근 지붕이 눈길을 끈다. 성당 내부에는 기둥에 불발탄이 걸려있다. 스페인 내전 당시 지붕을 뚫고 떨어진 2개의 폭탄이 터지지 않은 기적을 보여 준다. 희한하기도 하지. 천장화는 고야의 작품 '레지나 마르티룸'이다. 많은 사람들이 고야의 작품을 보기 위해 성당을 찾는다고도 한다. 입을 맞추면 소원이 이루어진다는 성모발현 기둥도 있었는데 다른 데에 정신이 팔려 아쉽게 기회를 놓쳤다.

성당 앞에는 '에브로'강이 흐른다. 돌다리 표석에 '산티아고의 다리'라고 새겨져 있다. 그냥 반갑다. 너도 나도 표석 앞에서 사진을 찍었다. 괜스레 산티아고 길을 걷는 기분이다.

다시 이동한 바르셀로나 몬주익 언덕에 바르셀로나와 자매결연한 '대한민국 경기도'라는 선명한 한글 기념비가 서 있다. 조병화 시인이 비문(碑文)을 쓰셨다고 한다. 그 당시에 황영조 마라톤 선수가 바르셀로나 올림픽에서 금메달을 딴 기념으로 그의 역동적인 움직임이 담긴 조형물도 있는데, 그는 아직도 달리고 있는 듯하다. 자랑스러운 한국인이다.

현지에서 안내를 맡은 '구'선생은 곡절 많은 인생이라 스페인까지 흘러와 이렇게 살고 있다고 자기소개를 했다. 나이 지긋해 보이니 사연이야 차고 넘치겠지. 한마디 '그라시아스'를 입에 달고 눈치껏 살아낸 치열한 삶의 주인공들이다. 어떻게 살았는지 정신을 차리고 보니 30년이 훌쩍 넘어 그저 이방인으로 살아가고 있단다. 태어난 곳이 그리운 건 어쩔 수 없어 한국으로 돌아가기 위해 악착같이 돈을 모으고 있다며 지난해에 천안 어디쯤인가 작은 아파트를 장만해 놓았다고 행복해 했다.

고국의 말이 그리웠는지 그이는 쉬지 않고 말을 쏟아냈다. 젊어 고생하던 때의 설움, 한국을 등지고 올 때의 막막함. 들어주는 귀를 발견하고 열강을 하던 그분. 애틋했다. 거리 투어에서 역시 현지 안내를 하고 퇴근하던 부인과 마주치자 두 사람은 반색을 했다. 지하철로 돌아간다는 부인에게 조심을 당부하는 눈빛이 안쓰럽기까지 했다. "걱정 말아요." 하면서 지하철 입구계단을 내려가던 부인의 뒷모습은 우리 동네 아주머니 그대로였다. 꾸미지 않고 수수한 어머니의 모습. 여인네의 강한 본능으로 이 삶을 꾸려왔겠지.

나는 그이들이 진정 행복하기를 바란다. 하루 빨리 돌아와 이미 한국으로 와 있다는 자녀들과 왕래하며 고국 땅 구석구석을 유람하면서 유유자적 살아주었으면 좋겠다.

열심히 살아준 당신들이 자랑스럽습니다. 그라시아스!

도떼기시장

　패키지의 동력. 강행군이 시작되었다. 아침 일찍 푸석푸석 부은 얼굴들이 짐 가방을 끌고 나와 말 잘 듣는 아이들처럼 일사분란하게 짐칸에 싣고 버스에 오른다. 비몽사몽 실려 가다 내리라는 소리에 정신을 차리니 상상으로 설렜던 안토니오 가우디의 작품 '사그라다 파밀리아' 성당이다.
　와글와글 인종 전시장이 따로 없다. 배낭객들과 단체관광객들. 백인, 흑인, 황인종이 섞여서 성당 지붕을 쳐다보며 입을 벌린다. 아직도 공사 중인 거대한 건축물. 조형미와 아름다움, 기능, 형태, 구조적으로 완벽한 조화를 추구했다고 한다. 개인적으로 입장권을 사기 어려워 개인 여행객들은 몇 시간씩 줄을 선다고 하는데 로컬 가이드라는 현지인의 도움으로 단체관람객들은 쉽게 입장을 한다. 말이 로컬 가이드지, 말 한마디 않고 졸졸 따라 다니다 나올 때 안녕하면 그만이다. 하긴 말이 통해야 설명도 하지. 현지 가이드가 혼자 북치고, 장구치고 바쁘게 움직인다. 자국민들의 수입을 위한 그네들만의 법이다.

　상상은 상상으로 끝났다. 풍선 터지듯 뻥 터졌다. 웅장해서 아름다운 것에 질렸을 뿐이지 왁자한 소음들에 묻혀 끌려 다니는 걸음이 무거워서 기념품 하나 고를 여유가 생기지 않았다. 첫날부터 쇼핑의 1인자로 등극한 어느 부부가 냄비받침을 20개를 사들고 "더 살까?" 의논하고 있었다. 알록달록한 채색이 예쁘기는 하지만 무슨 의미가 있나? 나는 천으로 된 쇼핑백을 사고 싶었는데 너무 크거나 그림이 마음에 들지 않았다. 이곳까지 왔는데 무언가를 사야할 것 같았지만 내키는 게 없어 매장을 빠져나오니 남편은 사진 찍느라 내 존재는 안중에도 없다. 그래도 매장에서 얼쩡거리는 마누라를 한 장 찍었단다.

　정체불명의 이상야릇한 중식점심을 먹고 '구엘공원'으로 이동. 요정들이 튀어 나올 것 같이 아기자기한 건물들이 차라리 정겹다. 과자모양의 집과 버섯모양의 장식품. 나무에서는 장난감 같이 생긴 앵무새가 사람 구경을 한다. 구불구불한 길을 걸으니 만화의 주인공 '스머프'가 '안녕' 하면서 말을 걸 것 같다. 목에 건 발신기에서는 가이드의 "가방 조심하세요. 일행들과 떨어지지 마세요." 쇳소리가 쉬지 않고 울려나온다. 도둑놈 없는 나라는 없겠지만 이 나라는 그래도 과거에 무적함대로 용맹을 떨치며 세계를 주름 잡았던 스페인이 아닌가. 오기 전부터 소매치기를 조심하라는 주의를 듣고 또 듣고, 신경이 곤두서는 투어 길이 즐겁지가 않다. 심지어 가이드는 "제가 '진돗개' 하면 소매치기가 떴다는 신호에요. 그러니 가방은 꼭 앞으로 메고 절대 일행들과 앞뒤로 틈을 주지마세요." 주의를 준다.

우리말로 '쪽' 팔리는 일 아닌가. 그래서 최근에 젊은 사람들에게 일자리를 찾으라는 의미로 대중교통을 공짜로 타는 인센티브를 주었는데(대중교통비가 비싸다고 함) 오히려 지하철을 타고 이동을 하면서 소매치기를 하는 집시들이 늘어 골치를 썩인다고 한다. 가는 데마다 먹고 사는 일이 버겁구나 싶었다.

집시들의 열악하고 비참한 현실을 이야기하다 가이드가 목소리를 높였다. 한국에서 방영된 외국에서 맨 땅에 헤딩하기 식의 공짜로 재워달라는 예능 방송 때문에 철없는 한국 아이들이 실제로 와서 재워달라고 객기를 부리다 집시들에게 몽땅 털리고 험한 일도 당하는 등 방송 후유증이 만만치 않았다고 한다.

자기는 그 방송담당자가 아마도 뇌가 없을 거라고 생각한다고 했다. 생각이상으로 위험이 도사린 남의 나라에서 공짜를 구걸하는 환상을 심어준 정말 나쁜 프로그램이라고 화가 치민 그이의 얼굴이 벌겋게 달아올랐다. 우리 집에서도 그 방송을 보면서 나라 망신시키는 짓이라고 성토했었는데…. 방송을 했던 연예인은 그런 짓을 해도 되는지 안 되는지 구별이 안 갔을까. 다행히 그 방송은 막을 내렸다.

  '몬세랏'으로 이동하는 1시간여의 버스길에 신(神)의 건축이라는 '카사 밀라'를 지났다. 내려서 보고 싶은 건물인데 가이드는 지나가면서 보란다. 역시 패키지의 횡포다. 물결치는 듯한 곡선의 건물이다. 우리식으로 말하면 연립주택의 형식이란다. 그 시절에 어떻게 저런 건물을 지었을까.

  지금도 사람들이 살고 있다는데 지어질 당시 바르셀로나 최초의 지하주차장을 갖추었다니 천재의 영역은 어디까지인지. 그 당시에는 저게 집이냐고 손가락질을 했다니 보통의 시선과 한계가 우습다. 사람들은 가우디가 그들이 질시했던 건물들로 후손들을 먹여 살릴 줄은 꿈에도 몰랐을 테니 무식한 건 죄가 아니다.

  그런데 팔아먹는 상도의는 모자란다.

그 넓은 구엘공원에 화장실이 모자라 20분을 줄을 섰다. 이게 뭐야? 너무한 거 아니야? 불만을 터뜨렸지만 속수무책. 알고 보니 7칸 중에 4칸이 고장이었다.

물가는 비싸고, 영어는 한마디도 못하는 관광업소의 종업원들. 그이들은 왜 영어를 배우지 않는 걸까? 관광으로 먹고 사는 나라인데 이해가 가지 않는다.

500㎖ 생수 한 병이 우리 돈 1,300원이다. 라면을 끓여 먹으려면 생수 값으로 하루에 7~8천원을 써야했다. 식당에서도 물값을 받았다. 가이드가 테이블 당 1병씩 큰 용량의 생수를 시켜주는데 남는 물은 가져가면 안 된다. 들고 다니는 내 병에 부어가도 안 된다. 그곳의 매너란다. 매너라니? 내게는 고약한 심보일 뿐이다.

남아있는 자국들

　구엘공원을 나와 '카사 밀라'와 '카사 바트요' 등 꼭 들어가 봐야 하는 작품들을 아쉬운 눈요기관광으로 대신하는 횡포에도 꿀 먹은 벙어리로 얌전히 버스에 실려 몬세라트 수도원으로 향한다. 건축을 공부하는 사람이라면 반드시 들러보아야 한다는 건축물인데 우리는 그저 지나가는 객들이기에 다시 올 확률이 낮은 거리를 지나가며 아깝다 혼잣말을 했다.
　까마득히 보이는 톱니바퀴 모양의 산을 바라보며 꼬불꼬불한 계곡 길을 따라 달리나? 멀미는 어쩌나? 산꼭대기까지 갈 걱정을 했는데 돈을 내면 케이블카, 트램 등으로 편안히 모신다고 해서 두 말 않고 지갑을 연다. 관광을 온 게 아니라 돈을 쓰기 위해 온 모양새다. 한 사람이라도 싫다고 하면 버스가 급

커브 길을 곡예운전을 하며 데려다 줘야 한다는데 다행히 그런 사람이 없어서 기사님은 주차장에서 쉬고 계시면 된다고 하니 누이 좋고 매부 좋은 일이다.

산 능선이 톱니처럼 생겨서 '몬 세라트(Montserrat)'이다. 수도원에 도착하면 제일 먼저 만나지는 '카탈루냐'의 수호성인 산 조르디의 조각상. 얼굴이 음각으로 조각되어 어느 방향에서 보아도 눈동자와 마주 치게 된다. 지은 죄 많으면 움찔하겠지. 격랑의 물결을 지나오며 스페인 내전 중에 이 수도원에서만 22명의 성직자가 파시스트들에 의해 죽임을 당했다고 한다. 잔인한 기억들이다.

이 수도원 바실리카 대성당에는 검은 성모상이 모셔져 있는데 50년 성 루카에 의해 만들어지고 성 베드로가 모셔와 아랍인들에 의해 파괴될 것을 우려해 동굴 안에 숨겼는데 880년 목동들에게 발견되어 그 자리에 작은 성당을 세웠다고 한다.

검은 나무로 만들어져 검은 피부색을 가진 성모상이 치유의 능력이 있다고 알려져 기도하거나 소원을 비는 사람들로 긴 줄이 늘어서 있다. 믿거나 말거나 신자가 아닌 버스 동행들도 줄을 섰다. 나도 지극히 경건하게 무릎을 꿇고 기도를 바쳤다. 평생에 한 번 뵙지 못했을지도 모르는 이곳 성모님께 기도를 바치게 되었으니 감사한 일이 아닌가.

특히나 13세기 초에 세계 최초로 만들어진 세계 3대 소년합창단이라는 '에스콜라니아' 합창단의 소리는 들을 기회조차 없었고 웅장하다는 미사도 드릴 수 없었다. 언제고 이곳에 다시 와서 몇 날이고 지낼 수 있다면 그도 은총이겠지. 합창단은 한국에서도 공연을 했다는데 모르고 지난 시간들이 안타깝다.

성모상을 알현하고 내려오는 길에 방문객들의 초가 불을 밝히고 있다. 작은 초 두 개에 불을 붙였다. 아이들과 먼저 떠난 내 강아지를 위해서다.

"성모님 우리 가족에게 기쁨을 주었던 몽실이가 당신 발치에라도 엎드려 있게 해주세요."

단체 여행이기에 개인적으로 십자가의 길도 할 수 없었다. 아쉬움들이 걸음마다 깔린다. 하얀 바위가 절묘하게 아름답다. 기념품 가게에 들렀는데 왠지 검은 성모상은 낯설다. 하얗고 예쁜 성모상에 길들여진 내 편견이 우습지만 손이 가지 않는다. 가끔 근처에서 번개시장이 열리는데 마침 시장이 열려 일행 중에 한 사람이 꿀을 샀다고 보여 준다. 야생에서 채취한 꿀이라는데 짐이 될까봐 그도 건너뛰고 커피 한 잔을 청했다. 이제는 여행지에서 엽서든 무엇이든 기념품 종류는 별로 사고 싶지가 않다. 차라리 식품이 낫지 조잡한 기념품 종류는 받아도 반갑지 않으니 이도 세월 탓일까.

  내려오는 길, 내 손에는 성당 자매님들을 위한 작은 성물들이 들려있었다.

타향살이

스페인 여행 첫날 현지투어 가이드로 '구' 선생이 나왔다. 그이가 도착하기 전에 전 일정을 책임지고 있던 '마리아' 가이드는 구 선생은 나이가 드셨지만 누구보다 열심인 분이라고 누누이 강조했다. 아무렴 어때, 골목길 투어를 하는데 나이가 뭔 상관이람. 별 걱정을 다 하네 생각했는데 한국으로 돌아간 관광객들이 나이가 든 사람이 안내를 해서 불편했다는 소리를 인터넷 게시판에 올린다고 한다. 그이들은 생업인데 그렇게 싫은 소리를 하면 회사에서 써주지를 않으니 먹고 사는 길이 막히는 거라고 읍소에 가까운 설명을 한다.

저녁 식사를 마치고 바르셀로나 야경과 유명한 거리, 건물, 맛집 등을 보기 위해 이동한 저녁거리에 긴장된 표정의 구 선생이

서 있었다. 70중반의 나이로 보였다. 이미 연세가 있으시다 했으니 새삼 나이를 물을 필요는 없고 "고국을 떠난 지 40여 년 된 여기에 사는 사람입니다." 인사에 환영의 박수 한 번 짝짝 치고 32명의 객들이 그이를 줄줄 따라 걸음을 옮겼다. 아침부터 버스에 시달리고 지쳐 야간투어를 하지 않겠다고 했지만 '알았습니다.' 해놓고는 진행가이드는 끈질기게 강요를 했다.

"혼자만 신청 않으셨어요."

"버스를 바꿔 탈 건데 한 분만 남으시니 호텔까지 따로 모셔야 해요."

듣는 말마다 마음 약해지는 소리를 골라하면서 눈총을 쏜다. 무엇보다 혼자라는 말에 마음을 놓지 못해 백기를 들고 결국 내 몫의 70유로를 건넸다. 뒤에 알고 보니 딸 내외가 모시고 왔던 80대의 부부도 처음에는 야간 투어를 거절했는데 두 분만 남는다고 어찌나 보채는지 마지못해 따라 나섰다고 한다. 돈도 돈이지만 피곤해서 쉬고 싶다는데 거리로 끌고 다니는 고약한 장삿속이 괘씸했다. 어둑해지는 거리 골목에서 열심히 설명하지만 귀에 들리지도 않고 다리가 아파서 앉고 싶은 생각뿐이었다. 잠시 쉴 벤치도 없어서 울컥울컥 짜증이 치밀었다.

어딘지 기억에도 없는 골목길을 한 시간 남짓 끌고 다니다 맛집이라면서 호프집으로 데리고 갔다. 스페인에 왔으면 꼭 맛보고 가야한다며 여러 가지 음료 중에 칵테일 음료인 '샹그리아'를 추천해서 너도 나도 손을 들었다. 갈증도 나고 피곤해서인지 연한 자주 빛깔의 음료가 시원 달콤했다. 부인네들이 더 좋아한다. 안주라면서 이런저런 필요 없는 음식이 차려졌다.

입에도 대지 못할 만큼 짜디 짠 튀김과 새우 요리 등, 과하게 음식이 나와서 다들 어리둥절하다. 저녁을 먹은 지 두어 시간인데 왜 이렇게 음식을 시켰냐고 의아해 하면서 아줌마의 기질을 발휘 "호텔에 가서 안주하게 포장해 주세요." 했더니 그곳은 포장해 주는 문화가 아니라고 한다. 아무리 음식이 남아도 싸주지 않는다니 손도 대지 않고 두고 나온 그 음식들은 아마도 재사용 되지 않을까.

파김치 되어 호텔로 돌아와 곰곰 생각하니 그 일도 장삿속인 게다. 먹지 않을 것을 뻔히 알면서 소금 요리를 만들어 차려놓고 값은 다 받았을 것이고 일부는 누군가에게 되돌려졌겠지. 사는 게 다 업이다 싶었다.

다음날도 구 선생이 동행을 했다. 절벽 위에 있는 수도원으로 가는데 버스로 이동하는 게 맞지만 길이 위험하니 왕복 50유로를 내고 케이블을 타란다. 그나마 10유로를 깎아주는 거란다. 아니면 꼬불꼬불 버스로 가야한다고 겁을 준다. 나 같은 멀미 전문에게는 극약이니 냉큼 지갑을 열었다. 해도 해도 너무 한다 싶었다. 적지 않은 비용을 지불했는데 매사에 돈을 달라고 손을 내미니 배보다 배꼽이 커질 판이다. 오르내리는데 편도에 20여 분이 걸린다. 그 사이에 구 선생의 인생사 넋두리가 시작되었다. 빨치산 공비들에게 학살당하는 부모를 직접 목격해야 했던 다섯 살 때의 기억으로 평생 트라우마에 시달리며 온전히 살아내지 못했고, 젊은 날은 방황으로 순탄치 못해 결국 이 먼 스페인까지 흘러와 목숨을 부지했던 일들을 영화 줄거리처럼 들려주었다.

옴짝달싹 못하는 공간에서 그이의 인생역정을 듣노라니 동정심도 들고, 뭐 좋은 일이라고 생면부지의 사람들에게 장광설일까. 누군가 이제 한국으로 오셔야지요? 했다. 기다렸다는 듯이 밝아진 목소리로 지난해에 한국을 방문했다가 이미 귀국해 있는 딸의 권유로 작은 아파트 한 채를 장만했다고 행복한 표정을 짓는다. 이심전심 모두가 "축하합니다." 인사를 건넸다.

일정을 마치고 어둑한 거리에서 구 선생은 손을 흔들며 뒷모습을 보였다. 길에서 우연히 마주쳤던 그이의 부인도 현지투어 안내를 한다고 했다. 휴식을 즐기러 왔다가 7년 째 이곳에 있다는 전담 가이드 '마리아'가 변명처럼 우물거렸다.

"저분들은 정말 피눈물 나게 살고 계세요. 문화가 너무 다른 곳이라 눈치껏 살아야하기 때문에 하루하루가 전쟁이에요."

"제발 돌아가서 인터넷에 험담하지 말아주세요."

세상 어느 곳이라고 살기 쉬울까. 정처 없던 걸음을 멈춘 곳이 그곳이라서 겨우겨우 살아낸 사람들. 그이들이 흘린 눈물만큼 반짝이는 삶이 주어지기를 바란다. 하루에 한 건씩의 선택 관광이 작은 도움이라도 된다니 어쩌겠는가. 내가 잠시 누린 호강을 나누고 왔다고 위안을 삼아본다.

그라나다를 지나다

'그라나다'는 스페인어로 석류라고 한다.

큰아이가 태어나던 해에 만들어진 우리나라 최고급 승용차의 이름이 그라나다였다. 스페인어에 무지하므로 막연히 'great' 정도의 뜻을 가진 단어이겠거니 했다.

그런데 40년이 지나 그 단어가 석류를 뜻한다고? 실소가 나왔다. 아들 나이와 같은 그 차는 이미 생산이 중단되었다. 그라나다의 광고를 보면서 아들이 태어난 해에 나온 승용차라는 이유만으로 사고 싶다는 욕망이 강했다. 월급쟁이가 빚을 지지 않는 한 살 수 없는 차임에도 그 차를 보면 가슴이 두근거렸다. 살림에 맞는 여러 번의 차를 거쳤지만 그라나다가 단종될 때까지 나는 그 차에 한 번 앉아보지도 못했다.

세월을 타고 한참 온 지금 석류를 만났다. 번쩍거리고 늘름했던 내 로망의 실체가 석류였다고? 물론 석류는 최고의 과실이다. 보석 같은 석류의 알알들은 보기에도 황홀하다. 여자들에게 최고의 건강식품이라던데, 승용차에 그 이름을 붙인 의도가 무엇이었을까 새삼 궁금해진다. 그냥 발음상 멋있게 들려서? 외우기 쉬워서? 하긴 그 깊은 뜻을 이제 와서 안들 무엇하나.

발렌시아에서 승용차 '그라나다'가 아닌 대형 버스를 타고 6시간 후에 스페인 남부 안달루시아주의 수도 그라나다에 도착했다. 이슬람 문화가 짙게 깔린 도시다. 성당은 여전히 고풍스럽고, 길거리 바닥은 작은 자갈로 촘촘해서 돌길을 걷는 기분이다. 집들의 지붕이 기와다. 북유럽의 붉은 지붕들과는 또 다르게 물감을 들인 듯한 낮은 톤의 색깔이 멋스럽다. 그라나다 성당에 잠깐 들러 성호 한 번 긋고 바쁘게 일행을 쫓는다. 이곳은 길을 잃을 염려는 없다. 미로 같은 골목이지만 10여 분만 빠져나오면 '다로 강'이 흐르는 중심거리를 만난다. 아기자기한 이 거리에도 피의 역사는 숨겨져 있다. 수백 년 전(1492년) 무하마드 12세가 기독교들에게 항복한 고립무원의 언덕이 멀리 보이는데 이슬람이 무너진 자리에는 치졸하게도 아랍식 지붕 위에 유럽 어느 왕가의 사자문양인 '사자상'이 정복의 표시로 놓아져있다. 묘하게 아랍과 기독교가 마주보고 있는 느낌을 알 것도 같다.

플라멩코를 봐야한다고 가이드가 서두른다. 예약시간이 늦으면 좋은 자리에 앉을 수 없다고 몰아붙이니 눈이 바쁘다. 집시들의 애환을 춤춘다는데 열정적이어서 멋있다. 동작 하나하나 디테일하게 움직인다. 그런데 잘 보고 나와서 누군가 말했다.

"저기, 무용수들이 왜 그렇게 늙었어요?"

"?"

"쪼글쪼글한 주름이 다 보여서 집중이 안 되더라고~"

그 춤을 평생 추면서 살아온 사람들이다. 그런데 늙었으니 그만 추라고? 어디를 가나 나이 들었다고 구박이니 평생 늙지 않고 살 자신들이 있나보다.

하긴 나도 예전에 아이스 쇼를 보러갔다가 주인공 왕자가 쪼글쪼글 할배라서 실망했었다. 그래도 왕자는 좀 멋이 있어야하지 않나? 영국의 찰스는 젊어서도 그저 그렇긴 하더라만. 동화는 동화일 뿐이다.

호흡을 다스리면서 '알함브라'로 들어섰다. 이곳에서는 '볼 수 없는 맹인이 가장 불쌍하다'는 말이 있을 정도로 아름다운 궁전이란다. 이슬람이 이베리아 반도에서 세운 마지막 왕궁이다. 교과서로 배웠던 정교한 아라베스크 양식의 문양들이 벽면을 장식하고 있다. 왕의 집무실이 있던 나자렛 궁전은 보존을 위해 관람객의 인원을 제한한다. 입구 쪽으로 있는 아벤세라 헤스의 방과 두 자매의 방이라 불리는 방은 둥근 천장에 종유석 모양의 모카라베 장식이 아름답다. 두 개의 방중 하나인 아벤세라 헤스 방은 절대 권력의 술탄이 아벤세라가문을 말살하기 위해 그 가문의 젊은이들 36명을 참혹하게 죽여, 분수의 사자상 입에서 피가 흘러나왔다는 잔혹한 이야기가 남아있다. 창밖으로는 푸른 정원이 보이고 햇살은 창을 통해 눈부시다. 천장마저 아름다운 이 방에서 일어났던 살육은 지워진 이야기로 남아 있다.

  알함브라 궁전보다 위에 위치한 헤네랄리페 정원은 수많은 꽃들이 만발해서 탄성을 자아낸다. 일교차가 너무 심해서 이내 죽고 마는 사정으로 같은 꽃은 심어지지 않고 늘 다른 꽃으로 교체된다고 꽃 이름을 묻지 말라고 가이드가 너스레를 떨었다. 오후가 되면 바람이 차서 겉옷을 챙기고 다니니 그 사정이 이해가 된다. 사이프러스 나무로 수벽을 이룬 안쪽에는 긴 수로

가 있고 수많은 분수들이 끊임없이 물을 뿜는다. 아랍에는 물이 귀해서 그들에게는 생명수였을 것이다. 정원의 망루에 올라 알함브라를 바라본다. 참혹한 흥망성쇠가 그곳에 있었다. 무심하게 아름다운 건물들 사이로 햇살만이 가득하다.

이슬람 세력이 가장 마지막까지 남아 있던 '알카사바'는 군사 목적의 요새다. 그중 가장 높은 탑인 벨라의 탑. 왜 이리 아름다운가. 아무 곳에서나 아무렇게 찍어도 배경이 눈부시다.

어디선가 '알함브라 궁전의 추억' 음악이 들린다. 옆에 있던 학생이 폰을 가리키며 싱긋 웃었다. 기우는 햇빛을 받으며 듣는 쓸쓸하고 달콤한 선율이 마음에 스며든다. 기독교에 내몰린 무어왕족들의 심정이 핏빛 노을로 담겨져 왔다.

론다에서

　차창 밖으로 보이는 것이라곤 올리브나무뿐인 들판을 지나 계곡의 도시 '론다'에 닿았다. 첫눈에 반하듯 탄성을 지르게 하는 '엘티호' 계곡 위에 세워진 노랗고 하얀 작은 집들. 도시 전체가 하나의 그림처럼 아름답다.
　120m의 협곡을 가로 질러 구시가지와 신시가지를 잇고 있는 3개의 다리 중 마지막에 놓인 '누에보' 다리가 120m의 협곡을 가로 지르고 있다. 다리 중앙에 아치 모양이 있고 문이 하나 있는데 이곳은 감옥이었다고 한다. 그 당시의 죄수들은 전망 좋은 방에서 무엇을 생각했을까. 그러나 필요에 따라 사형을 집행할 때는 그 전망 좋은 방에서 강제로 밑으로 던져졌다니 아름다운 풍경 속으로 던져짐이 잔혹한 처형보다는 나았

을까. 아이러니하게도 이 다리를 완성시킨 건축가가 다리에 자신의 이름을 새기려다 떨어져 죽었다고 한다. 지나가는 사람 누구도 그 이름을 알고자 걸음을 멈추지 않았을 텐데 인간의 자기과시 욕구는 때로는 이렇게 허망한 결과를 남기나 보다.

마침 들어선 카페가 계곡을 따라 내려가며 계단이 있고, 마주치는 공간마다 작은 테라스를 꾸며 전망 좋은 자리를 만들어 놓았다. 스페인 사람들이 즐긴다는 에스프레소를 주문하고 경치를 바라보니 지나온 다리가 까마득히 높다. 높이가 98m에 이른다고 하니 기어이 다리를 완성해놓은 사람들의 무한한 힘은 의지일까.

멀리 학생들이 줄을 지어 다니기에 물어보니 인근에 '쿠에바 데라필레타'라는 동굴이 있는데 그 안에서 신석기 시대로 추정되는 벽화가 발견되어 역사적 가치 때문에 수학여행을 온다고 한다. 재잘재잘 떠들며 웃는 아이들의 소리가 작은 도시를 들썩이고 있었다.

하얀 도시 구시가지를 벗어난 신시가지에는 '어니스트 헤밍웨이'의 자취가 남아 있다. 『누구를 위하여 종은 울리나』를 집필했다는 곳이다. 여름을 론다에서 지내면서 투우 경기에 대한 글도 썼다고 한다. 그래서 거리에는 헤밍웨이 동상이 있고 헤밍웨이 산책로도 있다. 지금도 가끔 투우경기가 열린다는 론다 투우장은 스페인에서 가장 오래된 투우장이고 오직 투우만을 위해서 지어진 최초의 투우장이기도 하다.

남성미를 뽐내던 투우사들은 겨우 명맥을 유지하고 있다는데 들여다보면 산 생명에 칼을 꽂고 열광하는 그 잔혹함에 질린 게 아닐까. 스페인의 전설로 남아 있다는 투우사 '페드로 로메로'가 단 한 번의 부상도 없이 6천 마리의 소를 쓰러뜨렸다는데 그도 그들만의 문화이니 영웅이라는 데에 토를 달지 않기로 한다.

영화에서 보았던 잘생긴 남자들. 붉은 천을 흔들며 황소를 유혹하던 몸짓에 발을 구르며 흥분하던 사람들의 소리가 투우사의 동상 앞에서 잦아들었다. 모든 것은 지나가고 잊히기 마련이다.

문 앞에서 자유시간이니 경기장 내부를 보고 싶은 사람은 표를 사서 보고 오라면서 가이드가 어디론가 사라졌다. 내게는 굳이 보고 싶지 않은 살육의 현장이다. 등에 칼이 꽂힌 채 길길이 뛰는 소의 참혹한 모습이 그려져 서둘러 자리를 떠났다.

버킷리스트를 지우다

 아침 식사로 빵 한 조각을 겨우 넘겼다. 피곤이 쌓여 입맛이 없다고 구시렁대니 그냥 먹으란다. 그냥? 어떻게? 꾸역꾸역. 그래서 꾸역꾸역 반달모양의 빵을 커피에 적셔 목을 넘겼다. 입안도 헐었다. 다른 사람들은 차려진 메뉴 전부를 섭렵한다.
 소시지 한 개가 방망이 같다. 일행들 모두 참 잘 잡순다. 나만 생긴 것 같지 않게 소식을 한다. 이제 6시간을 이동한다고 든든히 먹으라는데 그냥 집으로 가고 싶다는 생각이 든다. 그나마 버스 앞자리를 사수하고 다니니 멀미가 덜한 것 같고 이해해 주는 일행들이 고맙다.
 '포르투갈'이다. 스페인과는 색채가 다르다. 조용하고 나직한 목소리를 가진 사람과 만나는 기분이다. 전원도시에 온 느낌을 준다. 리스본 벨렝에서 처음 반기는 건물이 '제로니 모스' 수도원이다. 1755년도 대지진에서 살아남은 유네스코 세계문화 유산이라고 한다. 석회암으로 지어져 안과 밖이 모두 하얗다. 내부는 금빛 부조물이 가득해서 웅장하면서도 두 손을 모으게 하는 묘한 기운을 전해 준다.

주마간산의 관람을 마치고 밖으로 나오니 이곳의 명물 '에그타르트'를 맛보라고 한 개씩 쥐어 준다. 피곤한 참에 당이 충전되는 기분이다. 별미라고 해서 그런지 꽤 맛이 있다. 워낙 유명해서 오래 줄을 서야하기 때문에 우리가 관람을 하는 동안 미리 사놓은 거라고 공치사를 하는 마리아 가이드가 귀엽다. 미리 정보를 들었던 사람들은 상자째로 구입을 했다니 어디서나 눈치 빠른 사람이 득이다.

아쉬운 입맛만 다시고 다시 유럽의 서 극점, 땅 끝 마을 '까보다로카'로 왔다. 티비에서 꽃할배들이 감탄을 마지않았다는 곳이다. 유라시아 대륙의 서쪽 끝. 로까곶이다. 포르투갈의 서사시인 카보잉스가 '땅이 끝나고 바다가 시작되는 곳'이라고 했다던데 관광객들은 인증샷을 찍느라 경치에는 관심이 없다. 망망대해가 바라보이는 배경을 뒤로 다 같이 치즈를 외친다. 남편과 나도 인파에 밀려 서로 증명사진을 찍고 엄마 찾는 아이처럼 가이드를 찾는다. 어디를 가나 중국 사람들은 인해전술이다. 화장실에서도 왜 그리 떠들고 소란인지 알다가도 모르겠다. 젊은 사람들은 벌써 버스로 돌아가 어디서 샀는지 와인을 나누고 있다. 그이들이 건네주는 종이 컵 속 와인이 향긋하다. 파티마로 또 6시간을 이동한다니 와인 덕으로 한숨 자면 될 것 같다.

드디어 내가 꼭 가고 싶은 곳 리스트에 올렸던 파티마다.
2017년이 성모발현 100주년이었다. 정확한 명칭은 '로사리오 바실리카 성당'이다.
1917년, 3명의 양치는 아이들에게 성모님이 모습을 보이셨고 마을사람들은 그 장소에 성모발현 경당을 지었다. 그리고 1954년에 '로사리오 성모 대성당'이 세워졌다.
마침 호텔이 성당에서 코앞이다. 저녁마다 로사리오(묵주)기도가 바쳐진다고 초를 준비해서 나가보라고 안내를 해서 초를 한 자루씩 들고 성당으로 향했다. 멀리 보이는 큰 십자가가 경이롭다. 장소에 따라 조금 더 성스러워 보이는 건 얄팍한 신심일까. 광장 입구에서부터 작은 예배당까지 무릎을 꿇고 걸어가는 하얀 선이 그어져 있다.

몇몇의 순례객이 무릎을 꿇은 자세로 힘들게 걸어간다. 나는? 자신이 없어 짐짓 외면하고 다른 곳을 바라본다. 미사시간이 되자 쏟아져 나온 관광객들이 자리를 함께한다. 굳이 신자가 아니라도 참여를 하고 싶은가 보다. 하긴 우리 일행 중에서도 신자가 아닌데도 초까지 들고 자리를 지키는 분들이 있다. 이탈리아 신자들이 압도적으로 참여를 했는지 오늘의 미사는 이탈리어로 올린다고 한다. 말은 못 알아듣지만 미사차례는 세계 공통이니 우리는 우리말로 기도를 올리면 된다.

　미사가 끝나고 발현하신 성모의 모습을 재현한 금관을 쓰신 성모상을 앞세우고 신자들의 행렬이 시작되었다. 촛불만이 밝혀진 어두운 광장에서 성모상이 푸른빛으로 높이 들려졌다. 숨소리조차 들리지 않는 조용한 침묵의 행렬이다. 누구도 입을 열지 않고 묵묵히 앞으로 걸어간다. 광장을 한 바퀴 돌고 들었던 초는 기도 장소에 꽂게 되어 있었다. 수백, 수천 개의 초들이 휘황한 빛으로 타들어 간다. 장관이 따로 없다. 사람들은 여전히 조용히 걸음을 돌린다.

　내가 바쳤던 기도를 생각해 본다. 그중에 하나가 우습다.

　기도 초를 켤 때마다 자동으로 바쳐지는 몽실이를 위한 한마디 기도는 "성모님 우리 몽실이가 성모님 발치에라도 앉아있게 해주세요. 옷자락에 살짝 덮여 곤히 잠자게 해주세요."라고 중얼대는 것이다. 그런데 여기서도 그랬다. 초를 꽂으며 성모님 몽실이를 기억해주세요 하고 말았다.

 물론 아이들을 위한 기도를 잊지는 않지만 습관처럼, 집착처럼 떠나보낸 강아지에 연연하게 된다. 노령견이라 두고 다니는 게 염려되어 두어 해를 여행을 하지 못했었는데, 아이가 별이 되자마자 여행 보따리를 싸고 온 게 못내 미안했다.

 호텔로 돌아오는 길에는 예쁜 가게들이 줄을 서 있다. 대부분 성물들이지만 포르투갈의 국조(國鳥)가 닭이라서 가게마다 알록달록 치장한 닭의 장식품이 많다. 나는 성당 자매님들에게 줄 작은 성물 몇 점을 사고 일행들은 저마다 마음에 드는 물건을 골라 기분 좋게 호텔로 돌아왔다. 입구에 미처 보지 못했던 멋있게 치장한 닭이 이제 와? 하는 표정을 하고 늠름하게 서있다. 전설의 주인공이긴 하지만 닭이 국조라니 생뚱맞은 것 같다. 저 닭이 내일 아침에 꼬끼오 하고 울지도 모른다며 아이들이 키득거렸다.
 로사리오 기도를 바친 아름다운 밤이니 모든 게 아름답고 즐겁다.

금빛을 따라서

　톨레도로 들어섰다. 스페인의 옛 수도이고 유네스코 지정문화 유산 도시다. 고풍스러운 얼굴이 근엄하다. 꼬불꼬불 골목길을 돌다 보면 어디에서건 뾰족한 첨탑이 눈에 들어온다. 죽기 전에 꼭 봐야할 목록에 들어 있는 유럽에서 가장 뛰어난 고딕양식의 성당 중 하나인 에스파냐 가톨릭의 수석 성당 톨레도 대성당이다.
　266년이 걸려 완공된 스페인 중세의 모든 역사 흔적이 숨쉬고 있는 곳이다. 중앙 정면에 3개의 문이 있는데 지옥, 심판, 용서의 문으로 사람들은 대개 가운데의 용서의 문을 이용한다. 왼쪽이 지옥, 오른쪽이 심판의 문인데 심판의 문은 하느님의 심판이 오시는 날이 올 때 열리는 문이라 사용하지 않는다. 내부는 성당의 특징인 스테인드글라스가 웅장하고 아름답다. 화려하고 섬세한 중앙제대 장식은 그 당시 27명의 장인들이 4년 동안 쉬지 않고 작업했다고 하는 가장 정교한 고딕양식의 제단이라고 한다. 예수의 탄생과 죽음, 부활, 영광에 이르기까지 섬세하고 사실적인 채색조각으로 묘사되어 보는 이들의 탄성을 자아낸다. 그중 돋보이는 채광창은 중앙 제단의 어두움을 보완하기 위해 천장일부를 뜯어내고 12년에 걸쳐 완성했다니 탄복할 만하다.

어마어마한 그림들이 눈을 호강시키는데 하루 종일, 아니 며칠을 머무르며 둘러보아도 성에 차지 않을 관람을 한 시간여에 보고 나와야 한다니 주마간산이라는 말이 딱 들어맞는다.

톨레도의 좁은 미로들은 서로 얽혀서 대성당으로 모여든다. 중세의 두 가지 무기인 칼과 성경을 품고 있는 도시. 특히 예수님의 성체를 표현한 '성체현시대'라는 황금 조형물은 5천여 개의 황금 부품으로 제작되었다니 종교의 힘인 것인지 그 시대의 광기인지 모르겠다. 천장의 창문에서 아침 11시가 되면 해가 드는 경로와 일치해 빛이 정확히 직선으로 쏟아지며 황금 조각들을 비추는데, 반사되는 빛들로 인해 신이 내려온 듯한 분위기를 만들어 준다고 한다. 아침 11시에 가볼 일이다.

성당 앞 골목길에는 세공사들이 작업하는 가게들이 남아있어서 구경을 해도 되는데 아주 작은 소품 하나도 값이 기함을 하게 한다. 역시 금을 입혀 세공을 하니 금값에 장인의 기술 값이 더해져 구경으로 만족했다. 우리 팀에서 구매의 왕인 그분이 작은 성물을 하나 사는 것 같았다. 신자가 아니라던데 흔쾌히 카드를 긁는다. 신심이 가득한 누군가에게 전해지기를 바라면서 장식물이 아니기를 진심으로 바랐다.

일일이 다 말로 할 수 없는 기막힌 구경이 감사하다. 다시 볼 기회조차 없을 그 많은 그림들. '최후의 만찬', '천지창조', '오르가스 백작의 매장'. 바쁘게 지나친 그 많은 그림들 중에서 '예수님을 모른다.'고 세 번 이야기한 죄책감에 그분과 같은 모습으로 죽을 수 없다며 자청해서 십자가에 거꾸로 매달려 순교한 베드로의 그림이 잔상으로 남았다.

내 삶에 종교가 차지하는 비율은 미미하다. 나는 그다지 열성적으로 기도하지 않으며 타성으로 성당에 나가 미사를 올린다. 형제부터 용서하고 제단 앞으로 오라는 말씀을 지키지도 않고, 심지어 절대 용서할 수 없다는 오기를 품기도 한다. 톨레도에서도 당당하게 용서의 문으로 들어섰던 무의식의 죄짓기는 일상이니 왼쪽 지옥문을 이용해야 했을까.

에필로그

 마드리드로 돌아왔다. 가볼만한 곳이 열 손가락이 넘는다던데, 거두절미하고 '푸에르타 델 솔'에서 지나가는 걸음을 잠시 멈췄다. 스페인 각지로 10개의 도로가 이곳에서 뻗어 나간다. '태양의 문'이라는 뜻을 가진 이 광장에서 마드리드의 상징인 소귀나무와 곰의 조각상을 한 번 쳐다보고 마드리드 왕궁을 찾는다.
 사방 150m의 왕궁 안에는 2,800개의 방이 있다고 한다. 그중 50개의 방이 공개되고 있는데 프랑스의 베르사유 궁전을 모방했다는 '옥좌의 방', 벽 전체를 황금 비단으로 꾸민 '황금의 방', 145명이 한꺼번에 식사를 할 수 있다는 대형 식탁이 있는 '연회장' 왕족의 거처였다고는 하나 인간의 존엄성이라고는 없었던 시절이니, 벌레만 못한 삶을 살았을 뭇사람들의 애환이 느껴져 가려진 잔혹의 역사가 스멀거린다.

어느 나라, 어느 도시에서에서든 일부의 사람들이 누렸던 화려한 자국들. 지워지고 가려져서 다행이다. 지금 우리는 그들의 그림자를 밟고 다닌다. 남아있는 과거에 생계를 삼은 후손들에게 착취의 대가를 지불해 주고 있다.

쓸쓸한 화려함을 뒤로 프라도 미술관으로 걸음을 옮긴다. 한국어안내 책자를 받았다. 돈의 힘이다. 이곳이야말로 1주일 이상은 머물며 관람을 해야 하는데 고작 2시간 정도를 미친 듯이 설명하는 가이드를 따라 허겁지겁 쫓겼다. 연도 별로 스페인, 독일, 프랑스, 플랑드르, 이탈리아, 영국, 네델란드 회화에 조각, 드로잉 판화까지 수천 점의 명화들이 즐비하니 짧은 시간 안에 다 볼 수 없어 가이드의 취향이 선택한 그림들을 역시 주마간산으로 훑는다. 미술관을 나오니 머릿속은 그저 멍하니 잔상으로 남는 소득도 없다. 버킷 리스트가 지워지는 게 아니라 다시 추가되었다. 다시 올 수 있기를 바란다.

점심을 한식당으로 간다고 하더니 김밥을 나눠준단다. 공항에서 먹고 놀다가 비행기를 타면 된다고 설명을 하고 자기는 이제 '안녕'이라며 마리아가 버스에서 내렸다. 맹랑한 기분이 들었다. 뜯지도 않은 고추장과 라면 몇 봉지, 김 등을 건넸는데 그다지 고마워하는 것 같지도 않았다. 중국산 라면을 사 먹는데 입맛에 맞지 않고, 한국 음식은 포기하고 산다면서 하소연하기에 굳이 챙겨주었는데 일상인 듯 '고맙습니다'가 입술에만 올려졌다. '엄마의 마음'이 오지랖을 부린 걸까? 다시는 이런 짓 말아야지 다짐을 했다.

한국행 비행기를 타기까지 4시간이 남았다. 배급받은 김밥 도시락과 생수 한 병을 들고 일행들이 삼삼오오 모여 앉아 끼니를 때웠다. 이제까지의 여행 중에 김밥을 배급 받아 본 일이 없어서 황당한 기분이었는데, 몇 사람이 '유럽 쪽에서는 가끔 이런 일이 있어요.' 하면서 웃었다. 먼저 식사를 한 사람들이 쇼핑을 간다고 자리를 일어서면서 남은 김밥을 휴지통에 넣었다. 그때 누군가 재빠르게 다가와 버려진 도시락을 주웠다. 행색은 초라했지만 키도 크고 멀끔하게 생긴 젊은 사람이었다. 집시인지 노숙자인지 모르겠으나 마음이 아팠다. 남편이 내 도시락을 그에게 주자고 했다. 양이 많은 편이라 분명 남길 것이니 둘이 나눠 먹고 하나는 주자고 하기에 생수와 도시락을 건

넸더니 눈이 동그래지면서 고맙다는 몸짓을 한다. 나는 그이들이 김밥을 먹는 것도 신기했지만 일행들이 식사를 하는 모습을 지켜보면서 누군가 남겨주기를 기대했을 상황이 가슴 아팠다.

여행 내내 소매치기를 조심하라는 주의에 넌덜머리가 났었는데 막상 휴지통에서 남은 김밥을 찾는 모습이 이상하리만치 목에 걸렸다. 자리를 일어서며 남편이 5유로를 그에게 주었다. 나중에 저녁을 사먹으라는 말을 알아들었는지 그이가 고개를 크게 끄덕였다. 손을 흔드는 내게 그가 환하게 웃었다.

God bless you!

모두가 배고픔 없이 살 수는 없는 걸까.

여행을 마쳤다.

주마간산에 대한 아쉬움, 장삿속에 대한 괘씸함, 열흘이나 같이 다니면서 말 한마디 섞어보지 못한 사람들. 방실방실 예쁘게 웃던 'ㄷㄱ'대학 연기지망생 아씨. 종씨라고 본을 묻던 'ㅎ'씨네 가족들.

돌아와서 안부 문자를 보내준 수서에 산다며 반기던 그이들을 아직 만나지 못했다.

무심과 게으름이 병이다.

2.
다른 생각, 다른 풍경들

더 늙기 전에 손자라도 돌볼 수 있으니
나머지 숙제를 하는 기분이랄까.
보고만 있어도 사랑스러운 아기가
할미를 안다고 벙싯거린다. 신이 내려주신 선물이다.

비슷한 세상, 사람들

 늘그막에 꼭 마무리해야 한다는 사명감으로 성경공부를 시작했다. 한 번이라도 정독을 해야 마음이 편할 것 같았다. 신청한 사람들이 많다고 해서 짐짓 걱정을 했는데 묵상 나누기에 알맞은 인원으로 조가 짜여 의욕은 충만했으나 시작부터 마뜩잖은 상황에 당혹스러웠다.
 데면데면 불편한 상대가 같은 조에 들어와 있었다. 말 한마디 제대로 섞은 일도 없는 사람인데 희한하게 가는 곳마다 부딪힌다. 나와는 상관없으나 남편과 끈이 닿아있으니 싫어도 웃어야 하는 불편한 사람이다. 40여 년 전 남편의 입사 동기로 만나 끊어지고 이어가며 모임을 갖더니 이제 너도 나도 퇴직한 나이들이 되어 다시 모임을 시작했다. 열댓 명 연락이 닿은 사람들끼리 모이는데, 여자 둘이 열심히 참여를 하고 그중에 하나가 이 자매님이시다.

　40여 년을 건너 이 동네에서 마주치고 또 같은 성당에서 만나졌으니 인연이기는 한가 보다. 그이도 나도 생활사 아는 바가 없으니 얼굴 보면 "안녕하세요." 하고 지나치면서 몇 년이 흘렀다. 내 성격에 누구하고 살갑게 말을 섞지도 않거니와 섞을 일도 없으니 그저 그런 관심 밖의 존재가 불쑥 내 영역에 뛰어든 것 같아 이 상황이 반갑지 않았다.

　그런데 그이도 이심전심이었는지 전혀 모르는 사람 보듯 생뚱한 표정이었다. 심지어 공부방에서 만났는데도 아는 체를 않았다. 어쨌거나 남편의 지인이니 먼저 인사를 건넸는데 무안할 만치 찬바람이 불었다. 말이 끝나기도 전에 휙 등을 돌리기까지 했다.

　며칠 동안 심란하고 기분이 나빠 속을 끓이다 조장에게 연락해 조를 바꾸어 다른 공부방으로 옮기고 말았다. 그이는 여전히 '나, 너 몰라!' 하는 표정으로 지나다닌다. 웃기는 게 모임에서 남편에게 자기 때문에 조를 옮겼냐?고 궁금해 하더라나. 영문을 모르는 남편이 동문서답을 하고 와서 묻기에 그냥 아파트에 친한 사람하고 같이 하려고 옮겼다고 얼버무리고 말았다.

전화위복이라고 조를 옮기고 보니 모두 여자들뿐이고 나이들도 젊은 편이라 분위기가 활기차면서 발표도 어찌나 열심히들 하는지 매주 한 번이 기다려진다. 우리 조에서는 내가 최고령이라고 해서 잠시 뻘쭘했지만 그런들 어떠리.

요즘은 길동무도 생겨서 돌아오는 길이 심심치 않다. 젊은 사람이 어찌나 상냥한지 말 한마디를 해도 정이 묻어 나온다. 그래서 배우는 데는 끝이 없다고 했던가. 열심히 사는 모습들과 저마다의 신심이 깊은 묵상 나눔에서 많은 깨침을 얻는 즈음이다.

미사강론 중에 99의 증오도 1의 선함과 아름다움을 이기지 못한다고 마음 다스림을 얘기하셨다. 그러고 보니 '모르쇠'로 표정 바꾼 사람이 어디 한 둘이었나….

얼마 전에도 某 행사장에서 아는 체 않는 누군가를 나도 모르쇠로 무시했었다.

도리라는 걸 생각하면서 갈등도 했지만 상대가 까마득한 후배라는 사실이 자존심을 건드려 고개를 돌리고 말았다. 교만하고 교활한 사람들이어서 슬펐다. 내 안에도 이중성이 자리를 차지하고 앉아 수시로 가증스러운 모습을 연출한다.

사람들은 참 비슷한 모양새를 보인다. 착한 사마리아인은 어디에도 없다.

 앞에서는 갖은 칭찬으로 실눈을 뜨는 사람들이 무서워지는 걸 보니 이제야 세상사 안목이 열리는가 쓴웃음이 난다. 크고 작은 고통이 얹어져 있지만 내색 않고 열심히 살고 열심히 웃는 성경 공부 동기들. 모자라고 한 박자 늦은 나를 그대로 보아주는 배려를 배우면서 사람 사는 세상을 다시 한 번 돌아다본다.

약속

　수년 전부터 이슈가 되고 있는 존엄사에 대해 생각이 많았다. 불가피한 상황에서 생명 연장에 의미를 둔 여러 가지 장치물들. 의식이 없는 사람에게 호흡기, 영양액 공급, 소변 줄까지 주렁주렁 달아놓고 위로 받는 살아있는 사람들의 모순. 부모이기에 절대 떼지 못한다는 효심도 있고 편히 가시게 해드리고 싶다는 효심도 있다. 가끔 매스컴에서 사건으로 보도되는 사연들을 만나면 착잡한 심정이 된다. 그리고 '나 같으면?'이라는 물음이 뒤따른다. 당사자가 나라면 나는 절대 숨을 붙여 놓기 위한 장치를 원하지 않는다. 숨을 놓아야 한다면 곱게 숨을 놓고 싶지 기계에 의지해 헐떡이며 숨을 몰아쉬고 싶지는 않다.
　얼마 전에 친정어머니가 호흡기를 달고 3개월여를 의식 없이 계셨다. 3년을 노환에 시달리다 감기로 입원을 했는데 폐렴 합병증이 왔다고 병원에서 여러 장치를 달았다. 이미 노쇠해서 몸피도 작은 노인에게 중노동을 시키는 게 아닐까 의문이 들었다. 집중치료실이라는 방으로 옮겨 놓고 퇴원을 원하는 가족들에게 법에 걸린다고 거절을 했다. 이미 의식이 없는 분을 뉘여만 놓은 치료실. 간병인은 빈둥빈둥 놀다가 가족이 가면 물수건으로 얼굴을 닦는 시늉을 했다. 이건 아니다 싶어 담당의사에게 거의 애원을 하다시피해서 호흡기와 소변줄을 다는 조건으로 퇴원을 했다.

계시던 요양원에서도 간호사가 30분 간격으로 가래를 뽑고 영양액을 주사하는 처치를 했다. 무의식중에 손을 내저어 호스를 뽑는 바람에 손에 오븐용 장갑을 씌웠다. 끼워진 호스가 너무 힘들고 답답하니 자꾸 뽑는 게 아닐까 여겨졌다. 남들 눈에는 다시 끼우는 게 쉬울지 모르나 그것도 아무나 하는 게 아니었다. 섣부르면 위험하므로 전문 간호사가 손을 보아야 했는데 새로 끼울 때마다 처치비가 청구되었다.

모든 걸 떠나 지켜보는 일이 힘들었다. 금방이라도 숨이 멎을 듯이 쌕쌕 힘들게 뱉는 소리에 머리까지 아파서 견딜 수 없었다. 몸살이 나서 열이 펄펄 끓는 나를 보고 간호사가 집에 가서 쉬고 연락하면 오라고 했다. 의식이 없으니 이미 임종이나 다름없고 가족이 몸을 추슬러야 장례도 치를 거 아니냐고 다독였다. 자기가 보기에 며칠 못 넘기실 것 같다고 집에 가서 잠이라도 자두라고 등을 떠밀었다.

시간은 어김없이 흐르고 어머니도 강물을 따라 가셨다.

예전 같으면 그렇게 고생하지 않고 자연사를 하셨을 것이다. 호흡기며 영양액이 무슨 의미가 있나? 최선을 다하는 거라고? 답이 없는 물음 아닐까.

이즈음에 존엄사에 대해 많은 사람들이 필요를 인식한다고 한다. 그래서 '사전 연명의료 의향서'라는 걸 써둔다고 한다. 불필요하게 연명 장치를 달지 않겠다는 의사를 미리 밝혀두는 일이다. 마침 지인들과 얘기 끝에 너도 나도 존엄 사를 택하겠다는 의견이 다수였다.

나도 이참에 '사전 연명의료 의향서'를 쓰기로 했다.

사는 지역에 따라 등록 지정 병원이나 보건소에서 취급을 한다고 해서 알아보고 예약을 하기로 했다. 신청서를 쓰기 전에 전문 상담사의 상담을 받아야 하는데 신청서를 작성하는 사람들의 대부분이 자식에게 짐이 되기 싫어서가 이유라고 한다.

물론 나에게도 가장 큰 이유가 된다. 장치로 연명하는 동안의 비용을 지불해야 하는 가족들에게 그 일은 또 다른 고역이 아닐까.

  누군가 농담으로 돈이 있다면 가까운 사람들과 단체로 스위스로 가서 마지막 여행을 즐기고 지인들의 인사를 받으며 안락사를 택하고 싶다고, 그도 멋지지 않아? 해서 허탈하게 웃었다. 요즘 아이들 말로 웃기고 슬픈 이야기다.

  어쨌거나 나와의 약속은 '사전 연명의료 의향서' 신청이다.
나를 위한 존엄의 첫 걸음이다.

눈치

 살아가면서 제일 피곤한 타입이 눈치 없는 사람이다. 상대의 심중은 아랑곳없이 제 편리대로 처신하는 미련퉁이들은 타고난 인자가 그렇다고 생각한다. 요즘 갑자기 방송국마다 예능이라는 포장 아래 신변 들추기가 유행이다. 심심풀이로 시청하다가 어느 때는 내 일도 아니건만 혈압이 오를 때도 있다.
 "뭐 저런 ×하고 살았어?"
 혹은 "저런 인간은 혼자 살았어야지. 왜 남의 집 귀한 자식 데려다가 고생을 시킬까?"
 오버랩 되는 내 지나간 인생살이가 분해서 저절로 욕이 나온다.
 그렇게 남의 혈압을 올리는 인간들은 희한하게 자기가 무엇을 잘못하는지 구별을 못한다. 방송에 나와서 몸값을 하려니

다소 과장하거나 억지로 꿰맞추는 점도 있지만 기본적으로 인성이 덜 됐다는 게 나의 결론이다. 그러니 할 말 다하면서 억지주장을 들이대는 뻔뻔한 모습을 보이는 게 아닐까.

　남자와 여자의 차이점이 눈치의 있고 없음인 것도 같다. 우리나라가 남존여비의 관습이 짙었던 사회였으니 남자랍시고 주제도 모르는 인간들이 헛기침부터 배워 함부로 행동을 하면서 잘못된 것이라는 생각조차 하지 않았다. 그것을 방조하고 조장한 무지는 여자에게 있었다. 남편이라고 아들이라고 하늘이니 어쩌고 하면서 스스로를 낮추었던 불쌍한 세대들. 그 대가를 치르는 게 요즘의 이혼사태인지도 모른다. 교육을 받은 세대가 교체되면서 아닌 것은 아니라고 입에 올리니 부딪치고 금이 가는 게 당연지사다. 결혼에 대해 거부반응을 보이는 젊은 사람들도 부쩍 많아졌다고 한다. 상호존중이 아니라 상사와 부하직원 같은 관계로 착각하는 눈치 없는 시가, 혹은 처가와의 관계개선이 아쉽다.

　얼마 전에는 또 다른 어느 프로에 시누이 노릇을 하는 밉상 캐릭터가 출연해서 화를 돋웠다.

"뭐 저런 게 다 있어?"

　욕을 하다가 결국 그 잘못된 상황에는 무감각한 남편의 탓이

크다는 걸 깨달았다. 꼴값을 하면 하지 말라고 하던가, 부부만의 영역에 함부로 들어오지 말라는 경고를 할 줄 모르는 게 눈치 없는 남편의 잘못이었다. 시시콜콜 참견을 하는 밉상이 유독 시 자 붙은 쪽이니 어찌 생각하면 여자들에게 '시' 자는 불편하고 멀수록 좋은 관계라고 매스컴이 조장을 하고 있는지도 모른다.

하긴 내 경우에도 별일 아니면서 속을 뒤집었던 게 어디 한 둘이었나. 요즘같이 외식이 다반사가 아니던 젊은 시절에 남편은 거의 매일 노총각들을 달고 퇴근을 했다. 자기는 결혼을 했으니 우리 집에 가서 밥을 먹자고 하는 게 그의 사명 같았다. 통신시설도 미비한 때이니 미리 연락을 할 수도 없어 느닷없이 객식구를 달고 들어와 밥상을 차리게 했다. 그나마 차려주는 대로 곱게 먹으면 다행이다. 눈치 없이 꼭 이것 좀 더 갖고 와, 저것 좀 더 갖고 와 하면서 채근을 했다. 단출한 살림이라 양은 한 정되어 있는데 손님을 앞혀두고 없는 것을 더 내오라고 채근을 하면 정말 울화가 치밀었다. 몇 번을 말해도 남편은 마이동풍으로 '더 없어?'를 입에 달고 살았다.

게다가 본가에 들르면 TV에서처럼 근처에 사는 이종사촌 시누이가 쪼르르 달려와 밥상을 받았다. 그 남편에 아이까지 세

식구가 와서 칙사인 양 했으니 밥상을 둘러업고 싶었다. 성씨도 다른 시누이가 말끝마다 "언니, 우리 집안은…" 하면서 재롱을 떨었다. 속으로 코웃음이 나왔지만 부모님에 남편까지 그것도 재롱이라고 웃고 받아주니 남의 식구 며느리는 입 다물 수밖에.

  요즘 나이 들어 이 생각 저 생각을 하다 보니 타고 나는 눈치는 어쩔 수 없구나 싶다. 눈치 없어 진절머리 났던 인간은 여전히 눈치가 없어 민폐를 끼치며 살고 있고, 잘하는 짓인지 못하는 짓인지 구별 못하는 밉상들도 제 좋은 대로 직진이다.

  엊그제 '사전 연명의료 의향서'를 신청하고 왔다. 반드시 본인이 가서 작성하고 사인을 해야 하기에 남편에게 넌지시 말하니 "애들이 알아서 할 텐데 뭘 그런 걸 쓰고 와?" 하기에 "이 사람은 이 나이되도록 여전히 눈치가 없네." 쓴웃음이 났다.

  연명장치를 달고 안 달고의 결정을 자식들이 쉽게 할 수 없을 테니 본인이 미리 의사를 밝혀 자식들이 곤란할 상황을 덜어주자는 취지인데 엉뚱한 소리를 하고 있으니 난공불락의 눈치 없음이다.

  같이 살다보니 나도 무디어졌는지 가끔은 눈치 없이 혼자 북치고 장구를 친다.
 그래도 눈치를 차리려고 애는 쓰고 있으니 조금은 봐주시기를 우리 동지들에게 은근슬쩍 바라고 있는 즈음이다.

마무리

  상상도 불가한 엽기적 살인의 주인공은 참하게 생겼다고 한다. 어떤 이는 조신하게 생겼다고 했다. TV에 비친 그 얼굴은 내가 보기에는 무표정하고 촌스러웠는데 화장을 했거나 매무새를 가꾼 사진을 보고 한 말들인가 보다.
  이혼하고 남이 된 사람을 악에 바쳐 죽이고 그도 모자라 시신을 무자비하게 토막을 낼 때의 표정은 어땠을까? 그 여자는 사람의 탈을 쓴 마귀가 아닐까 싶다. 남의 집 귀한 자식을 그리도 험하게 죽였다면 옛말처럼 석고대죄를 해도 모자라겠건만 여자의 집에서는 그래도 제 자식이라고 유수의 변호사들로 변호인단을 꾸렸다고도 한다. 사형이라도 면하려는 속셈인지 피해자의 가족들이 우려하는 대로 돈의 힘으로 보석이라도 청해 풀려나오겠다는 건지 알 수 없지만 여론에 질타가 이어지자 변호인단에서 손을 떼는 바람에 없던 일로 되었다. 유전무죄, 무전유죄의 병폐가 없는 일이 아니라는 걸 보는 듯했다. 제주도 유력가의 자식이라니 초등수사가 그리 허술했던 게 아닐까 의심의 눈초리도 거둘 수가 없다.

사람과 사람이 만나는 일이 인연이고 운명이라는데 고인은 무슨 악연이 있어 그런 여자를 만나 아까운 생을 접었을까. 수년간 연애를 하고 결혼을 했다던데 잘못된 선택이 안타깝기만 하다. 최악의 종지부를 찍은 고인의 삶이 애처롭고 남은 가족들의 분노가 읽혀져 이제라도 제 노릇하는 공권력을 보고 싶다.

살다보면 이런 저런 일들이 얽히게 마련이고 싫든 좋든 사람과의 관계가 만들어진다. 한때는 다 좋은 인연이었는데 감정의 골이 생기자 무섭게 돌변하는 인심도 보았고, 마냥 순하고 허허 웃는 사람인가 싶었는데 제 욕심 채워지지 않는다고 쇳소리 내는 진풍경도 보았다. 작은 이익에 눈이 뒤집혀 이간질하는 꼴불견은 비일비재한 게 현실 아니던가.

'앞에서 비행기 태우고 뒤에서 소쿠리 태우는 사람'이라고 조심하라는 주의를 들었던 집안 어르신은 평생 새벽미사를 거르지 않았던 가톨릭 신자였다. 너무나 이중적인 그분의 태도에 실망해서 성당에 나가지 말까도 고민했었다. 개신교 특유의 지나친 살가움에 적응이 되지 않아 이제껏 성당에 나가고는 있지만 솔직히 내 진심, 신앙심은 바닥에 머물러 있고 서투른 인간관계에서 받는 상처들로 마음은 오락가락 갈피를 잡지 못해 그 또한 괴롭다.

악연까지는 아니지만 굳이 인연이랄 것도 없는 사람들과의 교류에서 꼴같잖은 말본새에 실소하고 황당했던 일은 아주 오랫동안 앙금으로 남아서 길에서 만나도 알은 체하기 싫었다. 대수롭지 않게 "생긴 게 왜 그 모양이에요?" 하고는 잘한 일이라도 한 듯이 깔깔 웃던 버르장머리에 아연실색해서 본데없이 자란 물건이네 무시를 했다. 같은 목적으로 만난 모임이니 열심히 내 몫을 하려고 했고 더구나 그들 중에 '최고령' 소리까지 들었으니 나잇값에 급급했었다.

지나고 보니 모든 게 그뿐이었다. 지나간 것은 지나간 것이고 더는 이어지지 않는 끈 같은 것이어서 인연이라고 이름 지어진 것들에 연연하지 않기로 했다. 3~40여 년을 알고 지낸 친구도 정리를 하는 즈음인데 그깟 1년의 과정으로 맺은 만남에 상처 받는다는 게 더 우습지 않은가.

사람이 살면서 만나는 무수히 많은 인연들.
악연은 없기를 바란다.
최소한의 거리를 지키고 눈곱만큼의 예의를 차린다면 자다가도 벌떡 일어날 악연은 찾아오지 않을 것이다. 입에서 튀어 나가는 말 한마디가 포물선을 그린다.
어디에 떨어질까.

어느 더운 날

　수차례 방송에서 꼭 가보라고 추천을 하기에 가봐야지 했던 곳이었다. 덥고 지치던 마음을 추슬러 친구와 고속버스를 탔다. 얼마 전에 큰일을 겪은 친구도 마침 위로가 필요한 시점이었다.
　나이와 상관없이 떠남은 설렘이고 기대로 채워진 기분은 날아갈 듯하다. 근거리에 있는 도시는 고속기차로 1시간 남짓이라던데 이곳은 완행열차가 4시간 걸려서 간단다. 승차역도 멀어서 고속버스를 택했는데 2시간 20분이 걸렸다. 우리에게 알맞은 시간이라고 친구는 만족해했다. 예약한 호텔도 터미널에서 몇 걸음 걷는 수준이라 두루두루 편리한 첫걸음이었다.
　호텔에서 제공하는 지도를 들고 박물관을 시작으로 길에 나섰지만, 그리도 요란하게 방송에서 보여졌던 맛집들이 지도에는 오밀조밀 모여 있기에 쉬운 걸음이겠거니 했는데 숨바꼭질처럼 숨어버린 가게들을 찾기가 쉽지 않았다. 땡볕이 쏟아지는 거리는 한산해서 풀풀 먼지가 일고 마침 상수도 배관 공사라는 팻말을 세운 골목에서는 땅을 파는 기계소리가 귀청을 때렸다.
 건강이 안 좋은 친구도 걱정이 되고 점심을 거른 빈속이라 걸음이 무거웠다. 두어 번 이 골목 저 골목을 헤집고 나서야 뭇국이 유명하다는 식당, 적산가옥, 사진관이 눈에 띄었다. 쇠락한 집들 사이로 영화의 배경이었다는 사진관 간판이 쓸쓸했다. 젊은 사람 몇이 열심히 사진을 찍고 있었다. 친구도 나도 그 영화를 보지 않았기에 감흥 없는 풍경이었다. 공사 중이라고 대문만 열어 놓은 일본식 가옥은 마당 구경을 했는데 도대체 뭘 보러온 걸까? 쓴웃음이 났다. 먼 기억 속에 떠오르는 친정집 마당과도 비슷했고 머리 큰 수국도 낯이 익었다. 괴괴한 적막이 감도는 이층 창문에서는 떠도는 영혼이 내려다보는 듯 섬뜩하기까지 했다.
 식사를 할 곳을 찾기 시작했지만 겨우 찾은 가게마다 장사를 마감했다는 안내문이 걸려있었다. 문이 열린 가게가 있기에 물어보니 이 동네는 대부분 점심 이후로는 문을 닫는다고 했다. 오후 4시가 다 되었으니 점심을 굶어야 하나 난감했는데 칼국

수 집 하나가 장사를 하는 듯해서 들어서니 의외로 손님이 많아 별일이네 싶었다. 우리가 들어오고서도 끊임없이 손님이 들었다. 다행히 유명 맛집이었고 주인은 친절하게 메뉴를 설명하고 먹는 방법도 일러주었다. 세트 메뉴에 딸려 나오는 녹두전과 물만두는 기대 이상이었고, 메밀면도 쫄깃한 식감이 과식을 하게 했다. 주인에게 식사 할 곳을 찾느라 힘들었다고 하니 자기네도 6시 전에 마감을 한다고 "여기는 다 그래요." 하면서 친구와 여행하는 것이 부럽다고 당신은 옆집이나 마찬가지인 '선유도'를 수십 년째 가보지 못했다며 하하 웃었다. 하긴 우리도 103층이라는 타워도 가볼 생각 않고 있으니 마찬가지 아닌가.

더위에 지쳐 야경이 좋다는 호수는 접어 두고 호텔로 돌아와 밤새 행복한 수다를 떨었다. 친구는 이런 시간을 갖고 있는 순간이 행복하다고 했다. 사소한 일상들 내려놓고 구경보다는 서로에게 위안이 되는 시간을 누릴 수 있는 게 어디냐고 했다.

십여 년 전에도 이 친구와 둘이 속초를 갔었는데 그때도 실컷 얘기하고 주변을 산책하고 시내에 나가 식사도 하면서 노점에서 쇼핑까지 해 여기까지 와서 분명히 남대문이나 동대문시장에서 떼어 왔을 물건을 사냐고 깔깔 웃었었다.

무슨 이야기를 했었는지 기억도 나지 않는데 둘은 몸도 마음도 가볍게 이틀째의 여정을 즐겼다. 식당 찾기가 주저되어 호텔에서 조식을 먹었는데 깔끔하고 담백한 음식들이 맛깔스러워서 흡족했다. 친구는 잘 차려진 아침상을 느긋하게 먹는 자체가 또 행복하다고 했다.

엄마나 아내 노릇의 수십 년 동안 누가 한 번인들 제대로 아침상을 차려줬을까. 이제 우리끼리 여행 다니면서 호강을 누려보자고 약속을 했다. 일상에서 벗어나 해야 하는 의무를 잊어도 되는 시간을 찾기가 오래 걸렸다.

찾아온 걸음이 아까워 후다닥 택시를 타고 '은파호수'라는 곳을 찾았다. 기사님이 "솔직히 볼 건 없지요? 그래도 공기는 좋잖아요?"

"일본 잔재를 팔아먹는 게 씁쓸하지만 또 그런대로 우리는 잘 살고 행복합니다."라며 유쾌하게 말을 건넸다.

나도 느낌에 이곳 사람들이 행복지수가 높은 것 같았다. 크게 잘살지는 않지만, 도시가 발전도 없이 예전 그대로이지만 남들처럼 세 끼를 먹고, 입고 싶은 옷 입고 원하면 도시로 나가 살다 아니다 싶을 때 돌아올 수 있는 고향이 있으니 아쉬울 게 무얼까.

방송에서 요란을 떨던 대단한 구경, 맛은 찾지 못했지만 친절한 인심은 따뜻하게 남았다. 친구와 둘이라서 더 좋았다.

일제는 안 돼?

'아베'라는 일본인의 거친 행보로 나라가 들끓고 있다.

일본산 물품을 불매한다고 젊은 아이들이 거품을 물고 난리다.

갑자기 애국자들이 우후죽순 나타나 일본 제품을 파는 가게에 얼씬이라도 하면 삿대질에 인신공격도 마다하지 않는다.

웃기는 건 누가 준 권한인 지 감시대라는 완장까지 차고 가게에 들른 사람들을 촬영해서 영상으로 올린다고 하니 좌파들이 했다는 자아비판보다 더하지 않은가?

나는 다행히(?) 아베가 이 사달을 내기 전에 일본 여행을 했다.

휴식의 성격이 강한 여행이라 주저 없이 나섰는데 그 어떤 여행보다 편안하고 만족스러웠다.

매일 짐을 풀고, 싸며 끌려 다니는 패키지여행은 힘에 부쳐서 주저되는 시점이라 한 곳에서 머무를 수 있는 이점(利點)에 끌렸다.

3박 4일 동안 주어지는 모든 편리가 여행객을 위해서 맞추어져 있으니 누리기만 하면 되어서 동행들도 편해서 좋다고 입을 모았다. 시골집에 머무르는 듯 번잡을 피해 조용하고 정성스런 음식들, 손님을 위한 무료 카페에서 차를 마시며 나누는 한담들이 피곤했던 심신을 달래주었다.

무료하지 않게 배려한 작은 행사들도 즐거움을 더해 주었고, 아무 때고 자유롭게 들락거리던 온천탕의 뜨끈한 휴식은 다시 오고 싶다는 생각을 하게 했다.

그리고 돌아오던 날의 세심한 배려에 나 혼자 감동을 했다.

공항까지 태워다 주는 셔틀 버스에서 멀미가 심하다는 나를 위해 기사는 꼬불꼬불 돌아야 하는 산길을 피해 평지로 운전을 하니 30분 정도 더 시간이 걸린다고 승객들에게 양해를 바란다고 했다.

맨 앞자리에 앉아 멀미야 싸워보자 했던 내게는 의외의 친절이라 고맙다는 말 밖에는 생각나지 않았다.

기사들에게 30분이라는 시간이 얼마나 요긴한지는 말을 하지 않아도 아는 일 아닌가.
 휴식시간을 더 가질 수도 있고 간식을 즐길 수도 있는 시간을 승객 한 사람에게 선뜻 내어 주는 영업마인드가 놀라웠다.
 국내 여행에서 느끼지 못했던 그녀들의 친절은 여행객을 다시 오게 만드는 상술 이상이 아닌가 싶었다.

 며칠 전에 국내 여행을 했는데 우리 기사님은 피곤하신지 2시간 30분 동안 단 한 번도 입을 떼지 않았다.
 모든 게 모니터로 설명되고 휴게소에서는 휴식 시간이 10분인지 15분인지 제대로 들리지 않아 확인을 하니 짜증난 목소리로 "15분이요!" 버럭 소리를 질렀다.
 세상 일 다 피곤하니 알아서 내리고 타라는 듯했던 그분의 서비스 정신은 마이너스 점수로 매겨졌다.
 요즘 휴가철이라 바가지 상혼에 대해 불만들이 쏟아지고 있다. 하루 숙박비, 음식 값, 형편없는 질과 맛.
 두 번 다시 가지 않겠다는 손님들에게 그러거나 말거나 하는 작태를 보면 '아니꼬와도 걔네들한테 한 수 배우고 오세요.' 소리가 나올 것 같다.

아베 영감이 하는 짓이 괘씸해서 당분간은 일본 여행은 접었지만 무언가 해결이 되면 나는 다시 그곳에 갈 예정이다.

깨끗하고 친절해서라는 단순한 이유가 99%일 뿐이다.

요술은 요술일 뿐

　첨단과학시대를 사는 게 불편한 즈음이다. 속도를 좇지 못하니 기계들과 마주 서면 어리바리, 의기소침해진다. 은행에 가면 혼자 기계와 씨름해야 하고 조작에 서툴러 창구에 들르면 가차 없이 수수료를 물린다.　바쁜 창구에 수고를 청하니 인건비를 물리는 거다. 그거야 내가 무식하니 어쩔 수 없다 치고, 이제는 인터넷뱅킹을 사용하는 사람들에게만 혜택을 주는 경우가 많아져서 조작에 서툰 사람들은 소외감을 느낀다고 한다. 아니꼽고 치사하다. 게다가 식당에서도 미리 기계에 주문을 하니 엉거주춤 하는 이들이 눈에 띈다. 우리 세대에게는 사람과 사람이 만나서 눈빛이 오가야 안심을 하는 정서가 자리하고 있는데 차가운 금속과 어우러져야하는 세태가 불편해졌다.

어린 시절 만화에서 가만히 서 있어도 저절로 올라가는 계단, 로봇이 날라다 주는 음식, 혼자 청소를 하는 기계, 이런 것들이 정말 있을까? 상상이 되지 않았다. 희망사항일 뿐.
 그런데 그 모든 것은 현실이 되었다. ⑷미도파 백화점에 우리나라 처음으로 에스컬레이터가 설치되어서 신문에까지 기사가 실렸고 중학생이던 나는 친구들과 구경을 갔었다. 쉬지 않고 움직이는 계단을 보면서 못 내려서면 어쩌나 우둔한 걱정을 했다. 스릴을 맛보듯 가만히 서 있어도 위층까지 데려다 주는 계단의 신기함을 실감했다. 그리고 만화에서 보았던 청소기, 세탁기가 집안에 들여져 '좋은 세상'이라는 할머니의 감탄을 들었다. 천천히 맛보았던 문명의 이기들이 요즘은 갑자기 쳐들어온 적들처럼 '어르신'이라 호칭되는 나에게는 낯설고 혼란스럽다. 원고지에 눌러 쓰던 펜 끝의 촉감은 잊은 지 오래다.
 요즘 들어 상상이 잦아졌다. 요술방망이 휘두르듯 실현되는 이 발전의 속도들이 나에게 선물을 주면 좋겠다. 몇 가지 원하는 조건 제시하면 짠하고 장정된 책이 나타나 주고, 하늘나라 별이 되어 버린 내 강아지가 똑같은 모습으로 쪼르르 현관 들어서는 꿈을 꾸곤 한다. 그런데 한 박자 늦는 내 상상력이 무색하게 이도 이미 실현되었다고 한다.

차가운 금속들과의 어우러짐을 받아들이면서 그래도 촉촉하게 남아있는 온갖 것들에의 감정이 다행이다. 어느 것도 대신할 수 없는 내 머릿속의 무한한 상상으로 사람만이 할 수 있는 전달이 가능하니 지금도, 미래에도 요술은 요술일 뿐이다.

호구의 여행

시작부터 달갑지 않았다.

동남아 쪽은 습도 높은 기후도 견디기 힘들고 아직은 노후한 곳이 더 많은 게 사실이니 불편할 것이라는 선입견으로 내키지 않는 여행이었다. 더구나 비위가 약해서 특유의 향내가 괴로웠다. 공항에 도착하자마자 묘한 향이 코를 자극하고 버스에 오르니 노골적으로 강한 향이 풍겼다. 비행기에서 먹었던 국적불명의 음식으로 속이 불편했는데 향을 맡자 비위가 상해 바로 멀미가 올라왔다. 꼭두새벽부터 서두른 걸음이라 피곤이 가중되어서 몸은 이미 파김치가 되어 있었다.

그런데 가이드를 맡은 왕 여사는 초장에 힘을 빼자고 마음먹었는지 일정표와는 다르게 3일차에 해당하는 '야류지질공원'으로 동선을 바꿨다. 바닷가로 달리는 꼬불꼬불한 버스 속에서 죽을 맛을 체험하는데 남편은 미리 멀미약을 먹지 않았다고 지청구가 쉬지 않는다. 새벽에 집을 나서느라 약을 잊기도 했고 첫날은 간단한 박물관 관람이 일정에 있기에 굳이 약을 먹지 않았는데, 하고 싶어 하는 멀미도 아니건만 남의 이목에 신경을 쓰는 괘씸한 지청구에 더 화가 치밀었다.

　겨우 버스에서 내려 급한 불을 끄고 나니 다리에 힘이 풀려 걷기도 버거웠다. 지열이 끓어올라 온몸을 관통하는 것 같았다. 반쯤 가다가 포기를 하고 모이기로 한 장소로 돌아오면서 기다릴 테니 일행들과 구경하고 오라는 말은 귓등으로 남편은 굳이 쫓아와 버스에 가서 약을 먹으라며 닦달을 했다. 짜증이 잔뜩 난 몸짓이 거슬렸지만 꾹꾹 참고 기사에게 양해를 얻고 캐리어에서 겨우 약을 찾아 먹었더니 이번에는 약 기운으로 비몽사몽 정신이 없다.

　다음 행선지는 '지우편'이라 잠에 취해 실려 가는데 꼬불꼬불 길도 모자라 중간에 내려 산꼭대기까지는 셔틀버스로 갈아타야 한단다. 그 와중에 남편이 휴대폰이 없어졌다고 난색이다. 조금 전에 주차장에서 내 약을 찾는다고 짐을 들추는 서슬에 흘렸는지 길에 떨어트렸는지 모르겠다고 좌불안석이다. 휴대폰에 모든 정보가 다 들어있으니 난감하기 이를 데 없다. 어쨌거나 잃은 것은 우리 사정이고 주차장에서 나는 버스에 남기로 하고 남편은 일행들과 셔틀버스를 타러 갔다. 약기운에 정신없이 잠이 들었다 구경을 마치고 돌아 온 사람들 소리에 정신을 차리고 앉았는데 불쑥 가이드가 땀에 젖은 얼굴로 "남편 분은요?" 했다.

"?"

"아이고 큰일 났네!"

"……?"

"셔틀을 타고 가다가 중간에 아내가 혼자 있어 걱정되니 자기는 돌아가겠다고, 주차장을 찾아 갈 수 있으니 걱정 말라고 하도 완강하게 말씀을 하셔서 내려 드렸는데…. 지금껏 안 오신 거면 이건 사고에요."

가이드는 사색이 되어 어쩔 줄 모르고 일행들을 기다리게 하고는 되돌아 달려 나갔다. 일행 중에 젊은 남자를 호출해서 가까운 화장실도 들러보게 했다. 땀에 젖은 가이드의 당황한 몸짓들이 나를 더 당혹스럽게 했다. 이런 실수를 하지 않는 사람인데. 걱정이 꼬리를 물었다. 이미 주차장에서 2시간이 지났다. 다행히 일행들은 아무 불평 없이 조용히 기다려 주었다. 꼬마 둘이 배고프다고 칭얼대기에 마음은 더 불안했다. 두어 바퀴

돌고 온 가이드가 파출소에 가서 실종신고를 해야 한다고 같이 가자고 했다. 어둑한 거리를 정신없이 가서 실종신고를 하니 외국인이라 이민국으로 가라고 한다. 그나마 자기네 상인들의 단톡방이 있으니 거기에 정보를 올려 신고를 받아주겠다고 돌아가라고 한다. 확인에 필요하다고 해서 가이드와 내 사진을 찍어 놓고 돌아오는데 휴대폰이라도 있었으면 이 난리를 겪지 않아도 되는데 싶었다. 그나마 수중에 지갑이 있어서 택시를 타고 호텔은 찾아 올 거라는 생각이 들었다.

간혹 잃어버린 관광객들이 대부분 택시를 타고 호텔로 찾아 온다고 가이드도 그럴 거라고 위로를 했다. 일행들에게 미안하고 불안한 마음으로 다음 일정은 계속되었다. 가이드의 짐작으로는 거리상 저녁 8시는 되어야 호텔로 도착할 거라고 그때까지 기다려 보자고 한다.

저녁을 먹고 야시장에 들르는 일정과 풍등을 날리는 일정이 남았는데 풍등 날리기는 취소를 하고 식당에 들러 다시 버스를 탔는데 호텔에서 연락이 왔다. 없어졌다는 한국 사람이 도착했다고. 모두 박수를 치면서 기뻐했다. 몇 번이고 나를 다독여 주던 젊은 부인이 '정말 다행이에요!' 환하게 웃어 주었다.

좋은 사람들을 만나서 다행이었다.

그리고 짐칸에 옷을 찾으러 갔던 일행이 휴대폰을 주워 왔다. 마침 자기네 가방 옆에 떨어져 있었다고 "이거 맞지요?" 했다.

여행 첫날부터 21명의 진을 빼놓고 사건은 일단락되었다.

그리고 다음날부터 가이드는 말끝마다 지난번 사고로 일정이 흐트러졌다며 눈치를 보게 하더니 선택 관광은 필수로, 쇼핑도 필수로 몰아붙였다. 4일치의 일정을 3일로 욱여넣고는 마지막 4일차는 3군데의 쇼핑센터로 돌렸다. 일행들에게 미안한 마음이 커서 식당에서 맥주를 냈는데 묻지도 따지지도 않고 무조건 뚜껑을 따서 식탁에 올리는 주인의 만행도 참아야 했다. 입도 대지 않은 맥주가 여남은 병이었다. 가이드는 눈 하나 깜짝 않고 맥주 값을 계산시켰다. 마지막 공항으로 향하는 버스 안에서까지 기사가 부업으로 기념품을 파니 도와주면 좋겠다고 하면서 강매를 했다.

전에 없이 완전한 호구로 대만여행을 끝냈다.

배보다 배꼽도 크고 꼬인 일정에 휘둘린 지긋지긋한 호구 놀음.

나는 이제까지 여행에서 만난 가이드들에게 호의적이었다. 남의 나라에서 억척스럽게 열심히 산다고 여겨 들고 간 고추장, 김 하나라도 주고 오는 편이었는데 그럴 필요가 없다는 걸 절실히 느꼈다. 그들에게 대부분은 그저 호구들일뿐이었다.

블루빛 유혹

　오래전 아들이 핀란드 출장길에 머그잔과 접시를 사다주었다. 핀란드 특유의 크리스마스 캐릭터가 연한 블루톤으로 박힌 그릇들이라 마음에 들었다. 보통 여인네들이 그릇을 좋아하고 모은다는데 나는 그다지 관심이 없어서 사용하는 식기들은 거의 도기 종류이고 무채식이다. 가끔 예쁜 그릇에 음식을 담아주는 지인을 만나면 '여성스럽다'는 느낌이 잠깐, 부럽다거나 사고 싶다는 생각은 들지 않았다.

　나에 비해 동생은 그릇에 관심이 많아서 도자기 축제에도 가고 수입 그릇 전시장에 수시로 들락거리면서 많은 그릇들을 사들이고는 한다. 보관을 하는 것도 용하다 싶은데 어느 때는 싫증이 났는지 상자째 들고 와 이것은 여름에 쓰고 저것은 가을, 혹은 겨울에 쓰라며 두고 간다. 요즘은 손님치레도 않는 세태이니 세 식구 먹고 쓰는 데는 몇 개로 충분하다. 밥공기와 국그릇, 크고 작은 접시 서너 개로 충분하니 세트로 주는 그릇이 불필요 하고 쓸데없이 싱크대 자리를 차지해서 반갑지 않은 선물이다. 그래서 필요한 사람들에게 내어주고는 했다. 다른 사람이라도 요긴하게 쓰면 들인 돈이 아깝지 않을 것이다.

그러고 보니 이사, 생일 등의 이유로 많은 그릇들을 선물 받았다. 이사했다고 사 온 금박 무늬의 컵 세트는 10여 년을 보관하다가 집수리 하던 해에 재활용장에 내놓았고, 뷔페접시라고 사다준 잉어가 그려진 중국풍의 접시는 동생에게는 좋아 보였는지 군말 않고 들고 갔다.

남편이 유명 도자기 회사에 근무해서 그 제품들이 차고 넘친다며 곧잘 주위에 나눠주던 지인에게서 받은 접시와 공기 세트는 장미꽃 문양이라 촌스러웠다. 큼지막한 장미가 턱하니 중앙에 그려진 접시는 무엇을 담아도 어울릴 것 같지 않았다. 영국 유명 상품을 모방한 게 아닐까 싶었다.

한동안 창고 구석에 모셔져 있던 그 그릇들은 어느 해인가 동서가 설거지 때마다 그릇을 깨트려 남아나는 게 없다는 시어머니의 불평에 창고 정리를 해서 온갖 그릇들을 한 차 가득 본가로 싣고 갔다. 동서는 "몇 개 안 깼어요." 하면서 입을 내밀었지만 수십 년 쓰신 어머니의 살림들 속에서 싣고 간 그릇들이 인물이 났다. 더구나 동서가 장미 문양이 마음에 든다고 해서 "임자는 따로 있었네!" 반갑게 웃었다.

칙칙한 옛 그릇들이라 바꾸고 싶었는데 함부로 바꿀 수도 없는 며느리의 입장이니 새 그릇을 반기는 동서의 마음이 애틋했다. 창고에서 낮잠을 자던 스테인리스 찜기, 냄비 세트, 빨래 삶는 용기까지 "웬만한 살림도 살겠다." 하시면서 시어머니는 만족해 하셨다.

묵혔던 그릇들이 제 자리를 찾아 환영을 받으니 볼 때마다 심란했던 내 마음에도 꽃이 활짝 피었다.

그렇게 관심 밖이었던 그릇에 눈이 가기 시작했다. 아들이 사다 준 머그잔은 내 전용 커피 잔이고 중간 크기의 둥근 접시는 생선구이든, 볶음 요리든 무엇이든 어울리게 담아진다. 이라도 빠질까봐 조심해서 쓰는데 내 깐에는 특별한 음식을 담게 되니 무슨 조화인지 모르겠다.

'마음에 드는 그릇'이라는 말에 눈이 떠졌다. 'Denby'라는 브랜드가 있는데 그 제품들의 색상이나 디자인들이 눈에 들어와 아이들이 출장을 가면 부탁을 했더니 귀찮았는지 한국에 전시장이 있다고 알려주었다. 서운하다고 투덜거리자 동생은 "언니가 주책이 없네! 그릇이 들고 다니기가 얼마나 짐스러운데 출장 가는 애한테 그릇을 사오라고 해?" 지청구를 했다. 맞는 말이다. 욕심이 앞장서면 주책없는 사람이 되는 거다.

주책을 버려도 예쁜 접시들이 눈길을 끈다.

푸르거나 파스텔 톤의 얌전한 매무새들이 자꾸 나를 부른다.

손절

오늘은 남아있는 날들의 첫날이라지요.

남아있거나 말거나 오늘이 지긋지긋할 때도 있고, 심드렁해서 후다닥 지나가 버리기를 고대하기도 하고….

2019년은 미진한 무언가로 인해 턱을 넘기가 힘들었습니다.

TV강연에서 '모국어'가 좋은 사람들이라는 표현을 들었습니다. 상대가 상처 받지 않게 배려하면서 건네는 좋은 말씨는 부모에게서 받은 훌륭한 덕목이라는 거지요. 말을 잘하는 것과는 차이가 있습니다. 성품이 교활한 사람은 앞에서는 실눈을 뜨고 웃다가도 뒤돌아서면 거품을 물며 누군가를 헐뜯습니다. 자신만의 잣대로 저울질하면서 자기가 받지 못한 불이익을 분해합니다. 지나 온 세월을 곱씹어 보니 그런 성향들이 다 조금씩은 내재해 있습니다. 나 자신도 아니다 싶으면 야멸지게 선을 그 었습니다. '왜?'라는 물음에 타당한 답이 없으면 '이건 아니야' 라고 결론을 내리지요. 어찌 생각하면 게으른 탓이기도 합니다. 귀찮은 게 질색인 겁니다. 내가 왜? 하면서 배려 따위는 하고 싶지 않은 심술이 올라옵니다. 맡겨 놓은 보따리라도 있는지 질척질척 나를 위해 달라는 사람들. 그런 이기심에 남아있는 날들을 허비하고 싶지 않습니다.

'괜찮아'- 스스로 위안하고 스스로의 날을 시작하자고 마음을 다집니다.

'손절'이라는 말도 배웠습니다. 노력해도 될 가능성이 낮은 상황일 경우 노력을 포기하고 자신의 에너지를 절약하는 행위라고 합니다.

이제 손절(손절매에서 유래)을 시작합니다.

나는 잘못한 게 없는데 너희들이 잘못해서 괘씸하다는 몽니는 손절입니다.

평양감사도 저 싫으면 그만이라는데, '모국어'가 좋은 사람들을 만나서 주고받는 정이 그리운 때입니다.

오늘도, 내일도 남아 있는 날들에 따뜻한 바람이 채워지기를 바랍니다.

벼룩의 간

이른 새벽 역시나 덜컥거리는 소음에 눈을 떴다. 옆집 할머니가 매일 거르지 않는 일과가 시작되었다. 폐지를 주워 밤새 정리를 하는지 새벽마다 끌고 나가는 것이다. 낡은 카트바퀴에서 복도를 지날 때 내는 소리가 조용한 아파트에 울려 퍼진다. 소리에 예민해서 깊은 잠을 못 자는데 네다섯 시면 어김없이 실어내는 부지런함. 처음 이사를 왔을 때는 연로하신 분들이라 집안에만 계시나 생각을 했을 정도로 출입이 없었다. 바깥 분은 말수가 없어 마주쳐도 목례만 할 뿐 인사 받기를 꺼려하는 듯도 했다. 나도 받지 않는 인사를 하기가 겸연쩍어 목례만 하는 둥 마는 둥 지나다녔다.

가을에 이사를 오고 봄이 되자 할머니의 출입이 빈번해졌다.

매일 어디를 가는지 작은 배낭을 메고 부지런히 나갔다가 저녁 시간에 돌아오기에 "어디 다니세요?" 물었더니 "노래 교실도 가고 의료기 체험방도 가고, 노인정에서 점심도 먹고 재미있어요."
　유쾌한 표정으로 답을 했다.
　할머니는 그렇고… 그럼 할아버지는? 궁금했지만 남의 사생활 알 바 아니라 열심히 다니시니 보기 좋아요. 하고 말았다.
　그런데 어느 날인가 우리 층 엘리베이터 앞 공간에 폐지가 잔뜩 실린 짐수레가 자리를 잡고 있었다. 하루, 이틀은 막연히 미화원 아주머니들이 폐지를 모아두었나 짐작을 하면서 치우겠거니 방관을 했다. 며칠이 지나도 폐지수레는 요지부동 그 자리에서 움직이지 않았다. 볼썽사납기도 하고 주민들의 "누가 이래요?" 소리가 귀에 들렸다. 안 그래도 눈에 거슬렸기에 관리실에 전화를 했더니 민원이 들어와서 조사를 해보니 '×××호'에서 그랬다고 치워달라고 얘기를 했단다.
　옆집에서? 왜? 속된 말로 '등 따시고 배부른' 사람들이 폐지를 줍는다고? 가끔 길에서 만나면 20여 분을 세워 놓고 속사포 같이 자기자랑을 하는 분인데…. 따님이 근처 중학교 선생이고 시골에서 농사를 짓다가 다 정리해서 자녀들 사는 근처로 아파트를 산거라고 묻지도 않는 신상을 늘어놓아 노후가 편한 분이구나 여겼다.

  그래서 폐지를 줍는다는 게 이해가 되지를 않았다. 한 번은 외출에서 돌아오는데 골목길 전봇대 밑에 놓인 쓰레기봉투를 끌러 재활용품을 찾고 있는 걸 보고 경악을 했다. 상자나 페트병을 주워 온다면 그나마 이해를 하겠는데 동네 쓰레기봉투까지 뒤지는 집요함. 아니 부지런이라고 해야 하는 걸까?

  은근히 화가 치밀었다. '어지간히 하지. 벼룩의 간을 내 먹는 모양 아닌가?'

  이 동네는 변두리 지역이라 구석구석 가난한 사람들이 많은 곳이다. 그래서 유독 폐지를 줍는 노인들이 많이 보였다. 그이들에게는 한 푼이 아쉬운 처지라 하루 종일 주워다 파는 폐지가 적게나마 도움이 될 텐데 그 틈새를 파고들어 정말 필요한 사람들의 몫을 축내는 양심 없는 행동이다 싶었다. 메고 들어오는 배낭에는 무언가 주워 모은 물건이 가득 들었고 넘치는 날에는 손에도 페트병, 신문지가 들려있었다. 몇 번인가 그런 모습들을 본 후로는 곱게 보아지지 않는다. 실제로 벼룩에는 간이 없다고 한다. 흡혈생물이고 꼴에 육식이란다. 기생충에 속하는 해충일 뿐이다. 옛사람들이 그악스러운 인간들에게 벼룩의 간을 내어 먹는다고 한건 내 줄 것이라곤 없는 미미한 존재에게조차 이득을 취하는 밉살스러움을 빗댄 것일 게다.

요즘 폐지 값이 하락해서 고물상에서도 아예 받지를 않는 다니 몇 푼조차 끊긴 사람들이 딱하게 됐다. 옆집에서는 그래도 무언가를 실어내고 있다. 재활용 수거 날이면 어슬렁거리며 주민들에게 헌 책을 달라거나 심지어 모아 놓은 신문지를 들고 간단다. 보다 못한 주민에게 된소리를 들었다고 해서 고소했다. 사람이 대접을 받는 데는 이유가 있다. 자존심을 버리면 스스로에게도 대접을 받지 못한다. 아쉬운 소리 않고 살아가는 복이 있으면 그 복을 조금 나누어야 하는 게 사람 도리가 아닌가.

세상살이 고단하고 흉흉한 즈음인데 벼룩의 간을 내어 먹겠다는 고약한 인심들이 왜 이리 많은지 모르겠다.

목요일의 쇼핑

　코로나 바이러스의 침공을 겪고 있는 이즈음, 마스크를 써야 한다는 지침에 너도 나도 마스크를 쓰고 다닌다. 중국 관광객들이 약국마다 돌아다니며 싹쓸이 쇼핑을 한다고 해도 강 건너 불구경이었다. 인구 많고 저희 물건은 조악하니 좋다는 한국제를 사가나 보다 여겼을 뿐 그 나라에서 무슨 일이 일어나고 있는지 까맣게 몰랐다. 공장을 털어가듯이 마스크를 박스로 실어내는 장면이 텔레비전을 장식할 때야 이 나라에서도 난리가 났다. 눈치 빠른 이들은 오며가며 사들여 놓아 말 그대로 비축을 해놓았다는데 관심조차 두지 않았던 우리 집은 선심용으로 나눠주던 황사방지용 마스크 몇 개가 전부였다. 급한 마음에 사러 나섰지만 이미 때는 늦어서 어디에서도 마스크는 살 수 없었다. 주로 집에 있는 나는 괜찮지만 출퇴근을 해야 하는 아들, 남편은 난감했다. 주위에서 동정(?)으로 나누어준 몇 개를 애지중지해야 하는 상황이 되자 화가 치밀었다. 중국에 인심 좋게 퍼주며 입방아를 찧고, 부잣집 행세를 하다가 정작 자국민들은 마스크 전쟁을 치르게 하고 있는 병신들. 그래도 '잘 하고 계십니다.' 하는 것들도 있으니 할 말도 없다.

 살 수 없는 마스크로 나라가 들끓게 되자 급한 처방으로 5부제로 판다고 해서 내가 살 수 있는 목요일에 약국으로 갔더니 줄은 이미 끝을 모르고 이어져 당연히 차례가 오지 않았다. 그날따라 바람도 차서 화가 더 치밀었다. '뭐야? 이게? 어쩌란 말이야.' 줄을 섰다가 허탕을 쳤다고 하자 아들이 차를 가지고 와 이웃 동네로 원정을 갔다. 자기가 어제 들렀던 곳이 한적해서 있을지도 모른다고 했다. 차를 타고 지나면서 보니 지하철 근처 대형 약국 앞에는 사람들이 길게 줄을 서있어서 그때 가 봐야 살 수도 없는 상황이었다. 이웃 동네로 가니 아파트 공사가 한창인 공사장 앞에 작은 약국이 '공적 마스크 판매 중'이라고 쪽지를 붙여놓았다. 반갑기가 이보다 더할까? 달랑 2개를 배급 받듯 받아 들고 기쁜 마음이 되었다. 다음 주에도 동네에서는 아침 일찍부터 몰려든 사람들로 문 열기 무섭게 '마스크

없습니다!'를 써 붙였다. 그래서 이제는 아예 이웃동네로 마스크를 사러 간다. 아침부터 서둘러 가면 약사가 힘드시지요? 하면서 2개를 내어 준다. 힘들기야 그이들이 더 힘들고 짜증이 날 텐데 나이 대접일까? 나이 든 이들이 힘들게 줄을 서고 또 허탕이라도 치면 여기저기 돌아야 하니 그도 딱한 일이고 이런 경우를 당할 줄이야 헛웃음도 난다. 그나마 5부제로 판매를 하고 이중 구입을 단속하니 나 같은 게으른 사람에게도 차례가 오는 것일까.

매주 목요일마다 나는 쇼핑을 간다. 마스크를 쉽게 사는 게 고마워서 파스도 사고 영양제도 산다. 그리고 아무에게도 이곳으로 사러간다고 말하지 않았다. 소문나면 또 밀릴 테니까. 어디나 마찬가지겠지만 특히나 한국의 사회구조는 연줄이 있으면 편하게 살 수 있는 나라다. 오죽하면 엄마 찬스, 아빠 찬스. 할아버지 찬스라는 말이 있을까.

내가 매주 2개의 마스크로 치밀던 화를 가라앉혔을 때 어이없는 글을 보았다. 심심풀이로 가입한 카페가 있는데 어느 회원이 자기가 마스크를 많이 보유하고 있는데 외국에서는 사기가 힘들다고 한다. 그래서 내가 40~50장씩 나눠주겠다. 외국에 자녀가 체류 중인 누구누구는 나한테 연락하시라고 선심성 글을 올렸다. 회원들은 고운 마음씨에 박수를 보낸다며 칭찬 일색이었다. 그런데 그 선심은 정부에서 개인적으로 많은 수의 마스크를 보낼 수 없고 직계가족 아니면 안 된다고 해서 불발로 끝났다. 절실하게 필요했던 몇 사람에게는 아쉬움으로 남았겠지만 개인이 몇 백 장의 마스크를 갖게 된 경위는 뻔하다. 아는 사람이 공장을 하거나 식구가 높으신 분이거나 해서 손쉽게 수백 장을 쟁여 놓고 아는 이들에게 선심을 쓰겠지.

사재기를 한 업자들이 창고에 감춰둔 마스크를 풀어 놓는다면 당장 해갈이 될 것이라고도 한다. 가족 찬스로 쌓아 놓고 있는 마스크도 지팡이 짚고 약국 앞에 줄을 선 노인들에게 나누어진다면 감사하다는 인사가 선한 기운으로 되돌아 갈 것도 같은데 그럴 마음들은 없나 보다.

요즘의 마스크 파동이 접어지면 사람들은 사재기를 하지 않을까? 솥뚜껑 보고 놀란 가슴, 다독이면서 나는 사재기를 할 것 같다. 목요일의 쇼핑이 끝나면 생필품 목록에 끼어 두고 오며가며 한두 개씩 사들이지 않을까?

남은 숙제

　손자를 회사 유아원에 맡길 수 있다고 큰소리 뻥뻥 치던 아들내외가 풀이 죽었다.
　자세히 알아보지도 않고 사내유치원에 출근하면서 맡기고, 퇴근하면서 데려 오면 된다고 자신하더니 육아휴직을 하고 있는 며느리가 복직할 무렵에 손자 나이가 해당이 되지 않는다고 걱정이 태산이다. 12월생까지는 해당이 되고 우리 손자는 다음 해 1월생이라 입학이 되지 않는 단다. 겨우 돌을 지나 걸음마 뒤뚱거릴 아기를 유아원에 맡기는 게 미덥지 않았지만 그나마 회사에서 직접 운영한다고 해서 조금은 마음 놓고 있었다.
　유수같이 흐르는 시간이니 조만간 닥칠 일이라 지레 걱정이 된다. 며느리는 일을 하고 싶고 아까운 직장이라 놓고 싶지도 않다고 했다. 답답해서 동네에 알아보니 아파트 내에서 운영하는 유아원들이 있는데 아침 9시부터 오후 7시까지 맡아준단다.

생각만 해도 끔직했다. 그 어린 걸 아침부터 저녁까지 시설에 맡긴다는 일이 기가 막혔다. 속마음은 내가 낮에 데리고 와 주면 싶은 눈치다. 나도 처음에는 낮에 가서 데리고 와야지 어떻게 저녁까지 두냐?고 얘기를 했지만 곰곰 생각하니 아침부터 맡기는 일도 속이 편치 않았다. 혼자 궁리를 하다가 혼자서 결론을 내렸다. 유치원에 두러 가는 셈치고 나한테 데려다 놓고 가면 저녁 시간도 안심하고 저희들 볼 일을 볼 것이고 나도 어린 것이 낯선 환경에서 부대끼지 않을 것이니 힘은 들겠지만 그게 가장 좋은 방법 같다.

엊그제에도 육아도우미가 생후 18일된 아기를 거꾸로 드는 등 학대를 하다가 부모에게 들켜 난리가 난 사건이 뉴스에 나온 걸 보고 내가 다 분했는데 세상천지 모르는 어린 것을 어떻게 남의 손에 맡기나 싶어 가슴이 아팠다. 그래서 조금 더 클 때까지 기껏 1년을 돌봐주지 못 할까 마음을 굳혔다. 더 늙기 전에 손자라도 돌볼 수 있으니 나머지 숙제를 하는 기분이랄까.

보고만 있어도 사랑스러운 아기가 할미를 안다고 벙싯거린다. 신이 내려주신 선물이다.

3.
흐름은 멈추지 않는다

인위적인 것보다는 자연을 따르는 세태라고 한다.
머리털도 억지로 물들여 검다고 착각하기보다
반짝거리는 하얀 은발을 소망해 본다.
나이 들어 긴 머리 출렁이는 것도 그리 좋아 보이지는 않으니
단정하게 손질한 하얀 머리가 대세이기를 꿈꾼다.

어느 봄날에

　수년 전 어느 봄날 지인들의 꼬드김으로 목적지도 모른 채 나들이를 떠났다. 날씨가 화창해서 집안에 있기가 아까울 정도였다. 운전대를 잡은 이와 동생 같은 그녀까지 셋이서 웃고 떠들며 고속도로를 달렸다. 어디 가냐고 묻지도 않고 그저 밖으로 나온 게 좋아서 지나가는 풍경 모두를 눈에 담기에 바빴다.
　어디쯤인가 도착을 했고 그때서야 '가'씨가 "사실은 지금 가는 데가 점집이야."라며 슬쩍 눈치를 보았다. 내가 가톨릭 신자인 걸 알기에 행선지를 말하지 않았던 모양이었다. '나'씨는 워낙 이런 곳을 다니고 무속에 밝은 편이라 처음부터 알고 온 모양이었고, 변명 비슷하게 '봄바람을 같이 쐬고 싶어서 아무 말도 않았다'며 웃었다.

이왕 나선 길이니 구경삼아 가볼까도 싶고 점만 안 치면 되지 뭐하면서 뒤를 따랐다.

상가 건물 이층으로 올라가자 젊은 여자가 반색을 하고 맞았다. 알고 보니 '가'씨가 단골이었고 그즈음에 우환을 겪는 중이라 집에서 굿도 했다고 했다. 여자는 신 내림을 받은 지 얼마 되지 않아 그들이 말하는 신기가 강한 때라 굿도, 점도 신통하다나 뭐라나. 안방자리에 신당을 차려 놓고 할아버지 신을 모신다고 했다. 알게 모르게 사연 많은 '나'씨가 먼저 점을 본다며 안으로 들어가더니 북을 치는 소리가 들렸다. 신을 부르는 소리라고 했다. 작은 굿을 하기로 했다며 그이가 나오고 단골 '가'씨가 들어갔다. 역시 북소리가 들리고 그이는 한참이 지난 후에 상기된 얼굴로 나왔다. 지난번 굿이 효험이 있어 우환이 다 풀리고 있다는 점괘를 받았다고 했다.

그런데 그때부터 둘이 나를 부추겼다. 작은아이가 대입시를 앞에 두고 있으니 원하는 대학을 가게 해달라고 무당에게 축원을 맡기란다. 그냥 돈만 내주면 다 알아서 매일 초를 켜놓고 빌어 준단다. 우매한 내 이성이 마비되었는지 시키는 대로 지갑 탈탈 털어서 돈을 내밀고 쌀을 사라고 해서 쌀값도 따로 주었다. 쌀을 바치면서 빌어야 한단다. 무당이 전화를 하자 득달

같이 쌀 1포대가 배달을 왔다. 동행한 둘은 비싼 점을 봤기에 쌀을 안 사고 뜨내기손님인 나만 20㎏ 1포대 값을 지불한 거였다. 마루에 쌀 포대가 제법 쌓여 있어서 저 쌀 다 뭐해요? 물으니 경로당도 보내고 보육시설에도 보낸다고 저런 쌀은 딴 짓하면 안 된다고 설명을 했다. 속으로 '되팔아서 돈으로 바꾸나?' 의심했는데 다행이다 여겨졌다. 어쨌거나 돕는 데에 쓰인다니 내 신앙에 위로가 되었다.

커피를 타주기에 마시고 있는데 초등학교에 다니는 아이 둘이 들어왔다. 아이들은 신당 앞으로 가더니 "할아버지 다녀왔습니다." 하면서 꾸벅 절을 했다. 무당의 아이들이라고 했다. 계집아이가 1학년 사내아이가 3학년이란다.

소름이 끼쳤다. 무당을 어미로 둔 아이들의 고초가 눈에 보이는 듯했다. 남편도 멀쩡하게 생겨서 잔심부름을 하고 있었다. 왜 굳이 살림을 하는 집에 신당을 차려 놓고 아이들에게 저런 모습을 보이는 걸까. 무속이라고는 하지만 떳떳하게 내세워지는 직업은 아니지 않은가.

그 아이들을 지켜보고 있는데 등 뒤로 자꾸 찬바람이 들었다. 토악질이 올라오는 것도 같았다. 빨리 이곳에서 나가고 싶다는 생각이 들었다. 순간 머릿속이 휑하니 비는 것 같더니 그

자리에서 엎어졌다. 동행들이 놀라서 지르는 소리가 어렴풋이 들렸다. 아주 잠깐 정신을 놓고 늘어져 있더니 부스스 일어나더란다.

동행들은 데리고 온 게 잘못이었나 미안해서 놀란 토끼 눈을 하고 어쩔 줄 몰라 하는데 무당이 "교회 다니는 분이지요? 가끔 교회 나가는 분들이 거부 반응 때문에 저러는 경우가 있어요. 그런데 할아버지가 예쁘게 보시고 귀신 떼 주려고 그러신 거예요. 양쪽 어깨에 남자 귀신이 하나씩 둘이 앉아 있어서 어깨가 아프고 무거웠을 걸요?"

신당 안에 들어가자마자 '몸에 칼을 대신 게 얼마 안 되네요.' 하기에 속으로 어떻게 알지? 동행들이 얘기 했나? 의심했었다. 그런데 얼마 전에 수술을 한 것도 사실이고 마취가 깰 때 귀신인지 환상인지 얼굴에 붕대를 칭칭 감은 두 남자가 지긋이 내려다 보는 걸 느꼈었다. 막연히 젊은 남자라는 느낌이 들었고 무섭지도 않아 나도 빤히 쳐다 본 경험이 있었다. 그럼 그 귀신? 픽 웃음이 나왔다.

지갑만 탈탈 털리고 마음은 찝찝하게 돌아 나와 점심 식사를 하면서 무당의 사연을 들었다. 18세 어린 처녀가 취직을 하려고 주산학원에 갔다가 주산선생이던 나이 많은 남자를 만나 결혼을 하게 되었고, 멀쩡히 살다가 신병이 와서 신 내림을 받게 되었다고 한다. 그 어머니도 무당이었다니 대물림을 한 셈이다. 아내가 무당이 되면 남편이 기를 잃고 무능해지니 박수무당이 되거나 굿판을 따라 다니면서 심부름을 하는 게 보통이라고 했다. 신당에 절을 하던 남매의 모습이 떠올랐다. 그 아이도 무당이 되겠지? 보통의 삶을 살아낼 수 있을까? 그렇겠거니 여기고 자라 그렇게 살아간다면 나름대로의 행복인 걸까? 갈등하지 않고 무당이라는 직업을 꾸려나가기를 바란다면? 어불성설이 되는 걸까.

    화창했던 그날 뜻하지 않았던 무당과의 만남이 꽃바람 속에 흩어진다.

애착과 집착

　마음을 비워야지 하면서도 놓아지지 않는 게 자식에 대한 애착이다. 지긋지긋하고 섞여지지 않았던 감정들로 끌탕을 했던 세월이 약이라서 나는 아무것도 기대하지 않고 바라지도 않았다. 그래서 이나마 견디고 있는지도 모른다. 물론 내 생각일 뿐. 아이들은 다른 생소함에 힘들어 하는지도 모르겠다.
　옛날에는 어쩌고 하면서 그에 견주는 행동을 요구하는 미련한 사람들을 보면서 한심하다 여기기도 했다. 친척 중에 누군가가 시집과 턱을 짓고 산다고 해서 고작 2년의 시간 동안 무슨 대단한 일이 있었을까 싶었다. 팔이 안으로 굽는다고 나도 조카의 말에 수긍이 갔다. 도대체 뭘 그리도 바라는지 어른들의 처신이 마뜩찮았다.

결혼 전부터 참견이 심해서 서걱거렸는데 막상 식을 올리고 나니 군림하는 지위라도 쟁취한 양 시시콜콜 지시를 한다고 했다. 부모들의 물질적 지원이 당연시 되는 한국사회의 고질병은 '쿨'하게 몰라라 했고, 맞벌이 하는 신혼부부에게 오라 가라 번거롭게 하고, 연애중이라는 작은아들의 연인까지 들먹이며 비교를 해서 화가 폭발을 했다. 중재자는 없고 부채질하는 입들만 줄을 서더니 해서는 안 될 '연을 끊자'는 말을 어른이 먼저 입에 올렸다. 그래서 '그럼 그러지요' 하고는 발을 끊었다고 했다. 요즘 아이들의 방자한 성향에 불을 질렀으니 수습을 어찌하려나 답답했다.

　내가 참견할 바가 아니니 강 건너 불구경인데 그 시어머니가 철없구나 싶기도 하다. 성장한 자식이 제 가정 꾸리고 식솔을 거느리면 장하다. 잘 살아라 도와주고 다독이면 될 것을 투자한 만큼 이자를 챙기는 심사였을까 듣는 귀가 치사했다.

　학자금 대출을 받아 대학을 마쳤기에 빚을 들고 결혼을 했는데 축의금도 나눠주지 않고 모두 챙겼다니 계산이 어두운 사람들인가 이해가 가지 않았다. 본인들 앞으로 들어온 축의금도 꽤 있어서 최소한 학자금 대출은 갚아 줄줄 알았다고 불만의 씨앗이 무럭무럭 자라 있었다. 사이사이 비료도 뿌려댔으니…. 옛날과 너무도 다른 현실을 그이들은 몰랐는지, 모른 체한 건지….

그런데 이 사달의 밑바닥에는 '돈'이 똬리를 틀고 있다. 객관적으로 뒤처지는 조건에 반대도 했지만 사랑에 눈이 먼 딸이 기어이 고집한 결혼이었고, 이기지 못한 부모가 그래도 물심양면으로 도와주었기 때문에 혜택을 누린 시작이었다. 신랑이 서글서글한 성격에 너스레도 있어서 사랑스러웠다. 신부도 빠질 데 없는 재원이라 둘만 봐서는 선남선녀가 만나서 열심히 살아주기만 하면 바랄 게 없었다. 초보부부들에게 뭐 그리 바라는 게 많아 성급하게 닦달을 해댔는지 서로 마음 상해서 안보겠다 소리가 나왔으니 그이들에게는 손해 본 장사가 아닌가.

세월이 달라지고 인심도 변하고 순종을 미덕으로 배운 우리 세대와는 다른 요즘 것들에게 '옛날에는'을 고집하는 어리석음은 털어버려야 한다. 내가 한만큼 너희도 해야 하는 거 아니야? 하는 보상심리가 가슴 속에서 꿈틀대지만 앉을 자리를 보고 발을 뻗어야 그나마 체면유지는 하게 된다. 가끔 지인들과 얘기를 나누다 보면 어쩔 수 없이 많이 준 부모가 당당하다는 걸 느끼게 된다. 아낌없이 주는 나무처럼 마냥 모든 것을 내주는 부모가 각박하게 살아내야 하는 젊은이들에게 힘이 되고 위로가 되는 건 인지상정 아닌가. 없는 재물은 어쩔 수 없어도 마음이라도 애틋해 하는 감정은 설명하지 않아도 본능적으로 알고 감사해 한다.

  나는 아들에게 많은 부분을 의지했었다. 세심한 성격이라 가려운 데 긁어주듯이 엄마를 이해하던 아들이라 남편보다 낫다 싶었다. 직장 때문에 외국생활을 수년간 했기에 더 애틋했는지도 모른다. 늘 걱정이고 굶을 일도 없는데 끼니를 거를까 근심하고…. 유아기의 아이를 걱정하듯 속을 끓였다.

  어느 날 제짝을 찾아와 결혼을 하고 나니 처음에는 상실감으로 힘들었고, 집에 들를 생각은 추호도 없어 만남은 외식으로 때우는 게 낯설었다. 우울증인가 싶게 마음이 서러웠다.

  그 와중에 15년을 애지중지 길렀던 강아지가 별이 되었다. 강아지를 핑계로 내 설움을 쏟고 나니 진정이 되고 남의 집 가장이라는 아들의 위치가 눈에 보였다. 맞벌이를 하니 집에 들를 시간도 없겠다 이해를 하고, 경조사를 이유로 만나야 되는 일이 두 달에 한 번은 되니 아쉬울 것도 없다 싶었다.

  역지사지라고 내가 교통도 불편한 지방까지 시외버스를 타고 공휴일마다 가야 했던 그 지긋지긋했던 날들에 대한 기억이 떠올라 남의 집 귀한 딸에게 되풀이 하지 말아야지 다짐을 했다.

내 마음을 추스르면서 다 비워버렸다. 애착이고 집착인 엄마의 마음은 자식들이 미혼일 때까지만 필요하다고 일깨웠다.

옹알이를 하고 웃는 손자녀석의 얼굴을 보면 다른 사랑이 샘솟는다. 비워도 비워지지 않는 마음 곳간이 풍요롭다.

입맛

 나이가 들수록 과거에 집착하면서 옛 기억은 또렷해지고 현재에는 둔감해진다고 한다. 엊그제 일도 가물가물해서 당황할 때가 많아졌다. 가끔은 치매가 아닐까 하는 공포심이 들 정도로 새까맣게 잊은 계획이나 약속에 당혹스러운데 그 사정을 누가 알까 조바심이 나기도 한다. 그러면서 조금씩 전후가 생각이 나면 지독한 건망증이겠거니 그나마 다행이다 싶었다.
 게으름도 늘어서 내 손이 움직여야 하는 집안 일이 그저 귀찮고 심드렁하다. 그런데 희한하게 어릴 때 먹었던 음식들이 줄줄이 떠오르며 몸을 움직이게 한다. 며칠 전에는 장을 보러 갔다가 싱싱한 가지를 보고 친정에서 자주 먹었던 가지찜이 생각났다. 조갯살과 갖은 채소를 다져 고추장에 버무려 오이소박이처럼 소를 박고 감자를 큼직하게 썰어 밑에 깔아 자글자글 끓이면 가지에 양념이 배어 매콤하니 입맛을 돋웠다. 한여름 내내 밥상에 올라와도 싫증 내지 않고 양념에 밥을 비벼먹었다.

 그 맛을 찾아보려고 열심히 했는데 옛날 그 맛이 아니었다. 고추장이 달라서일까? 씁쓰레한 것도 같고 가지도 부드럽지 않았다. 양념이 배인 감자만 조금 비슷한 맛을 내서 입맛만 다셨다.

 또, 전쟁이 끝난 후 어렵던 시절이라 정부에서 주는 밀가루를 배급 받아 오면 국수로 눌러다 부엌방에 잔뜩 쌓아 두고 일요일마다 국수를 말아 주기에 싫다고 고개를 저었는데 이즈음에는 오이냉국에 말아주던 할머니의 손맛이 떠오르기도 한다. 더운 날 시원한 오이냉국에 소면 한 줌을 삶아 말면 식구들이 왁자하니 둘러 앉아 국수잔치를 벌였던 풍경이 선연히 떠오른다. 지나간 것은 다 그립고 아름답다 하는 말, 반쯤은 맞는 것도 같다.

 친구와 식사를 하다가 요즘 음식들은 전 같지 않다고 했더니 나이가 들면 입맛도 변한다고 도통 맛있는 게 없다고 하소연이다. 서너 달 전에 큰일을 치르고 기력을 못 찾는 것 같아 이집 저집 맛있다는 식당을 순례하다시피 했는데 늘 중간에 수저를 내려놓기 일쑤다. 비싸기만 하지 맛없기가 매한가지다.

 시큰둥하고 입맛 잃은 이즈음 우연한 계기로 광장시장에서 외식을 했다. 난생처음 소란스러운 시장 한복판 빈대떡 집에서 저녁을 먹었다. 시끄럽고 조금은 불결하기도 한 가게에서 육회와 탕탕이라는 산낙지, 녹두빈대떡, 모둠전을 시켜 놓고 남정네들은 막걸리로 목을 축였다. 사람들이 줄을 서 있다가 자리가 비면 재빨리 들어와 앉았다. 의외로 젊은 사람들이 빈대떡에 막걸리를 즐기고 거침없이 시뻘건 육회를 입에 넣었다. 유명하다는 녹두빈대떡은 정말 맛이 있었다. 미식가들이 흔히 표현하는 겉은 바삭하고 안은 촉촉해서 입에 달았다. 저녁 식사는 꼭 밥과 국이 있어야 하는 남편이 군소리 않고 막걸리와 전으로 식사를 하는 걸 보니 별일이다 싶기도 하고 앞장을 서서 안내한 지인들이 고마웠다. 절대로 밥 먹으러 올 일은 없었을 시장에서 입맛을 찾았으니 친구에게도 전수할 일이 생겼다.

너와 나의 다름

여행길에 독특한 부부를 만났다.

23명의 일행이 함께 움직이는 패키지여행이어서 피차 신경을 쓰지 않아도 되는 편한 동행들이다.

가족이 3팀, 부부가 2팀, 모녀가 1팀. 동네 아주머니들의 단합대회가 1팀.

식사 때마다 가이드는 부부들과 모녀를 같이 앉혔다.

모녀는 어머니를 모시고 온 막내딸이라고 하는데 78세 그 어머니의 잔소리는 때와 장소를 가리지 않았고, 식사 자리에서도 남들인 우리에게 국물을 덜어 내라, 불을 줄여라 참견을 했다.

안 그래도 음식이 입에 맞지 않아 고달픈데 구시렁구시렁 주절대는 소리가 목에 얹혔다. 그 따님은 신기할 정도로 "엄마,

엄마." 비위를 맞추며 살갑게 굴었다.

  내가 투덜대자 남편이 '원래 이기적인 사람들은 제 생각만 하잖아. 안 볼 사람들이니 신경 끊어.' 처방을 내렸다.

  그런데 이틀이 지나자 같이 식사를 하게 된 부부의 이색적인 행동이 눈에 들어왔다.

  그 남편도 선해 보이고 아내도 귀여운 인상에 늘 생글거리면서 사람들을 대해 느낌이 좋은 사람들이었다.

  식성도 좋은지 아내 분은 다들 못 먹겠다고 손사래치는 음식들을 거침없이 대했고, 못 먹는 나를 안타까워했다.

  식사를 마치면 그 부부는 자리에서 일어나 어디론가 사라지곤 했는데, 우연히 목격한 장면은 부부가 맞담배를 피고 있는 모습이었다. 너무 다정하게 서로를 바라보면서 담배를 피우고 있어서 처음에는 눈이 의심스러웠다.

  담배도 엄연히 기호식품이니 그들이 무엇을 먹던 알 바 아니지만, 나에게는 부부가 맞담배를 피는 모습이 낯설었다.

  놀라서 입을 다물지 못하는 내가 촌스러운 거지만 남편도 적잖이 놀랐는지 "재미있는 사람들이네!" 하고는 입을 다물었다.

  공항에서 헤어질 때까지 둘은 다정했고 우리에게 친절했다.

사진도 같이 찍은 게 있어서 전화번호를 적었고, 간간이 주고받은 한담 중에 딸 둘을 출가시키고 부부가 여행을 즐기면서 즐겁게 살려고 노력한다고 해서 '괜찮게 사는 삶이다.'는 느낌을 받았다.

돌아와 이 생각 저 생각을 하다 그 부부의 맞담배가 떠올랐다.
사위가 둘인데 사위 앞에서도 담배를 피나? 쓸데없는 궁금증도 들었고, 남편의 아량이 경이로웠다.
나쁜 짓을 한 것도 아닌데 그 모습이 신기했던 건 '과연 우리 부부에게 가능한 일인가?'와 '절대 있을 수 없는 사건'이기에 충격에 가까운 느낌이었다.

결국 따지고 보면 너와 나의 다름인데 이상하게 보고 놀라는 내가 촌스러운 게 아닌가.
이제는 다름을 인정하고 이해하는 '나머지 시간'을 살아야하는구나 깨달음을 얻었다.

우울한 겨울

 춥지 않은 겨울을 보내면서 '그래도 겨울은 추워야 하는데…' 생각을 했다.
 지인이 시장에서 옷가게를 하는데 춥지 않으니 옷이 팔리지 않는다고 걱정을 했다.
 추위를 대비해 준비한 옷들이 재고로 남을 판이라고 더워진 날씨를 원망하기에 옛날보다 따뜻한 겨울이 실감이 났다.
 학교를 다니던 시절에는 왜 그리 추웠을까. 얇은 스타킹을 신어야 했던 교복 시절. 동상에 걸려 종아리가 가려워서 고생을 했고, 무식하게 치마를 입혔던 학교에서는 어른들이 신던 살색 스타킹도 착용을 금했다. 보온 효과가 좋아서 그 스타킹을 신고 검정 스타킹을 두겹으로 신으면 덜 추웠는데, 보이지도 않는 살색 스타킹을 단속했다. 무지하고 인정머리 없는 시절이었다. 이 나이에도 그 시절의 선생들은 왜 그리 야비하고 인성이 덜 되먹었을까 생각해 보면 일본식민지의 잔재였구나 싶다. 조직에 충성하고 지시에 길든 뇌세포들이니 그렇게 밖에는 할 줄 아는 게 없었을 것이다. 간혹 천성이 고운 분들은 학생들이 추울까 마음을 써주셨다. 중학교 2학년 때 담임은 석탄을 나눠주는 창고 아저씨에게 뒷돈을 주시고는 다른 반보다 한 번 더 석탄을 받아오게 손쓰셨다. 뇌물을 주면 혜택이 있다는 걸 배웠지만 학급 친구들은 행복해 했다. 오후 시간이면 불이 다 꺼져 을씨년스러운 다른 반 교실보다 우리 교실은 말 그대로 '그 해 겨울은 따뜻했다.'

그런데 저절로 따뜻해진 겨울인데 우울하다. 엉뚱한 곳에서 터진 바이러스 여파로 전전긍긍 불안한 세상이 되었다. 부모도 모른다는 신천지 교인들. 양심도 버리고 상식도 버렸다. 그악스러운 인간들의 본성이 자연을 거스르고 파괴하면서 위험을 자초했는데 호되게 혼나면서도 야생동물을 먹는다는 인간들도 존재 한다.

종말론자들이 '그거 봐라!' 하면서 춤을 추려나?

안경을 쓰니 마스크를 쓰면 배로 답답하다. 그렇다고 쓰지 않을 수도 없고, 안 쓴 사람들에게 향하는 눈빛도 사납다. 서로가 조심하는 방법 밖에는 없는 현실이라 창살 없는 감옥처럼 너도 나도 '방콕' 중이다.

매일 알려지는 신천지 망종들을 어디 무인도로 보내는 방법은 없을까?

외딴 섬에 가둬두고 너희끼리 알아서 살아라 하고 싶은 심술이 치미는 아침이다.

알 수 없음

    누르라는 벨은 모르쇠로 일부러 현관문을 쾅쾅 두들기는 손모가지들이 있다.
    요즘은 카메라로 확인을 하고 대꾸를 않으니 문을 두들겨 반응을 끌어낸다고 한다.
    한낮에 마음 놓고 두들기는 소리에 화가 치밀어 문을 열려고 하다가 아차 싶어 고리를 걸고 누구세요? 쇳소리를 냈다.
    문이 열리나 반색을 하고 들이대던 손들이 고리가 걸려 있는 틈새로 대답을 했다.
    "기쁜 주님의 말씀을 나누려고요."

    요즘 들어 생각해 보니 신천지 교인들이었구나 싶다.

아주 가까운 지인이나 되는 것처럼 환하게 웃으면서 다정하게 접근을 한다니 소름 끼치는 족속들이다.

정신적으로 허한 사람들이 이단에 현혹되기 쉬우니 정신적으로 강해져야 하는데 말처럼 쉽지 않은 일.

신천지 교인들은 사람을 포섭할 때 그 사람의 약한 부분을 파고 들어 경제적, 심리적으로 도움을 아끼지 않는 다고 하니 이제는 친절도 의심을 하고 경계를 해야 하나…. 사회가 삭막해지기를 기다리는 이단들이다.

이유에 이해가 가지 않는 사람들이 신천지 교도라는 게 속속 밝혀진다.

공무원, 군장교, 약사, 교사…. 도대체 사이비에 빠진 이유가 무얼까??

세상이 시끄러워서 마음에 얼룩이 졌다.

불쾌하고 짜증나는 이즈음의 상황이 '알 수 없음' 말고는 답이 없다.

고슴도치 사랑

"고슴도치도 제 새끼는 함함하다."고 한다.

남의 눈에는 못나보여도 내 눈에는 예뻐 보인다는 말인데, 실제 고슴도치 새끼가 얼마나 귀여운지 못 본 게다.

하긴 새끼치고 안 예쁜 게 어디 있냐고 하지만 파충류, 쥐 등은 아니지 않은가.

경자년 들어 첫 손자를 얻었다. 코로나 바이러스로 뒤숭숭하던 때라 병원도 못 가보고 소식만 들으며 2달을 기다렸다.

매일 보내주는 아기의 사진을 보며 어쩜 제 아비와 이리도 닮았을까 혼자 웃었다. 신생아의 모습이 꼭 아들을 닮아 있었다. 사내녀석이라고 티를 내는지 울음소리도 요란했다. 며느리는 "어머니, 왜 이렇게 못 생겼어요?" 하면서도 하루 종일 아이만 들여다보고 있는 눈치였다. 조리원에서 3주를 지내고 퇴원을 했는데 쪼르르 쫓아가 보기가 염려스러워 또 1달을 기다렸다.

그동안 아들이 백일해 예방주사를 맞으라고 연락을 해서 양가 집안이 다 주사를 맞았다. 처음 듣는 소리라 병원에 가서 볼멘소리를 하니 미국 등에서는 노인들이 폐 손상(기침) 예방 차원에서 필수로 맞는다고 한다. 손자를 위한 일이라니 남편도 아무소리 없이 가서 주사를 맞고 왔다. 심지어 삼촌이 된 작은 아들도 두말없이 병원을 다녀왔다. 사돈댁에서도 줄줄이 다녀왔다는 소식이 들렸다. 항체가 생기는데 14일이 걸린다고 해서 14일이 지난 후 겨우 아기를 볼 수 있었다. 태어난 지 두 달여 만에 아기를 안아보는데 뭉클했다. 젖먹이의 달콤한 냄새와 찡긋거리는 눈짓이 사랑스러워서 한참을 안고 있었다.

새 생명이 찾아와 안겨있는 게 경이로웠다. 아들내외는 제 새끼가 예뻐서 어쩔 줄 모르고 행복해 한다.

삶이 정리되는 기분이다.

내 아이가 어른이 되고 가장이 되었으며 드디어 '아버지'가 되었다.

내게 묶여있던 끈을 풀어 며느리에게 넘겨주고 그들만의 세상을 인정하고 지켜볼 때가 되었다.

　아기는 가뭄에 콩 나듯 가끔 보러 가고 있다. 코로나 사태도 이유지만 자주 들락거려서 좋을 것 하나 없기 때문이다. 산후도우미가 입주를 하고 있으니 아쉬울 것도 없고 시어머니가 찾아간들 손님이니 불편하겠지 싶었다. 살갑게 "어머니 아기 보러 아무 때나 오세요." 하지만 내가 힘들었던 과거를 생각하면 굳이 그러고 싶지 않은데 아기가 눈에 삼삼한 건 어쩔 수 없다. 동영상으로 찍어 보내는 사진을 보면 더 보고 싶어진다. 요즘은 뒤집기에 성공해서 끙끙거리며 엎드려 있으니 '아이고 예쁜 놈!' 소리가 절로 나온다.

　백일이라고 사돈내외가 지방에서 올라오셔서 식당에서 점심을 먹는데 십 수 명 어른들이 온통 아기를 보고 어르고 달래고 난리를 친다. 단체로 재롱을 떠는 것 같아 웃음이 났다. 상전이 따로 없다. 그래도 아기가 사랑스러워서 벌쭉 웃는 모습에 세상근심이 다 사라진다.

푸른빛이 그립다

　봄이랄 것도 없이 뿌옇게 흐린 하늘 사이로 작은 바람은 걸음 바쁘게 달아나 버렸다. 기세등등한 동장군도 맥을 못 추는 봄바람이 알갱이조차 잡히지 않는 미세먼지에 백기를 들었다.
　아이들은 만화가 그려진 커다란 마스크가, 아이의 손을 잡은 엄마의 얼굴은 콧등이 볼록 솟은 마스크로 가려져, 너나없이 중무장을 한 마스크 부대가 길을 걷는다. 비척비척 걸음이 불안한 노인이 눈만 빠끔 내놓고 그래도 운동을 하느라 열심히 걷는다. 지나가는 봄의 풍경이 을씨년스러운 건 나만의 느낌일까.

　세월을 의식하지 않으려 했는데 주위에서 자꾸 세월이 이만큼 지나갔다고 전달을 한다. 인연의 강이 깊어서 담근 발이 무거울 때 훌훌 가버린 사람들. 그리고 기억으로 남은 나에게 이런저런 이야기로 덧없는 시간들을 되돌아보라고 한다. 지나간 모든 것은 그리움이라는데 그리움으로 남은 기억은 손가락으로 헤아려진다. 차라리 다 지워졌으면 하는 마음이 더 크다.

 표독스러운 눈빛으로 살을 날리던 사람들. 그이들은 남의 상처 따위는 안중에도 없다. 저만의 법으로 잣대를 삼아 옳고 그름을 얘기하고 벌을 주겠노라 가시를 내뱉는다. 내 손톱 밑에서 곪는 상처는 아프다 하면서 서슴없이 골 깊은 상처를 만드는 사람들. 가끔은 죽어서도 보고 싶지 않다는 찬바람으로 저장해 둔다.

 내 발등 내가 찧는다고 자초한 일들이 한두 번이 아니다. 선의로 택했어도 악으로 갚아지던 무수히 많은 실수들. 지인에게 "나 살아 왔던 세월이 참 바보 같았어." 했더니 "착한사람 콤플렉스 아닐까요?" 했다. 그이도 별꼴들에 시달린 세월이 녹록치 않아서 "우리는 둘 다 바보가 맞아!" 하고 웃었다. 웃는 게 답이다. 따지면 뭐하며 후회한들 무슨 소용이 있는가.

 얼마 전에 모(某) 단체 행사에 갔었다. 아는 듯 모르는 듯

눈에 익은 얼굴들이 많았지만 정작 말 섞은 일은 없는 모르는 사람들이구나 싶었다. 참가의 목적이 같은데도 따로 노는 느낌. 식사를 할 때는 더더구나 아는 사람이 필요했다. 모르는 사람들과 한 식탁에서 밥을 먹는 일이 그리 쉽지는 않으니 맛없는 밥이 더 맛이 없다. 옆에서는 "너무 맛있지요?" 하는데 너무 맛있지 않았던 나는 "네~~." 길게 대답하면서 애매모호하게 웃었다.

앞서 식탁에 앉으려는데 "거기는 어른들 모실 자리에요!" 쉿 소리를 들은 직후라 입맛이 똑 떨어졌었는지도 모른다. 무심히 빈자리에 식판을 내려놓으려는 찰나 누군가 눈을 흘기며 쉿소리를 낸 거였다. 어른들? 해서 나중에 보니 본인도 포함한 어른들이 계셨다. 차라리 "일행들이 있어요." 했다면 기분이 덜 나빴을 것 같았다.

다음부터는 내 편이 없으면 가지 말아야 할 자리가 아닌가 싶다. 집에 돌아와 지인과 통화를 하면서 우리도 미리미리 '팀'을 꾸려 놓고 있다가 '세' 과시를 해야 하나봐 하고 키득거렸다.

길이 먼데 고작 하루나들이라 나서지 않았다고 혼자 가게 해서 미안하다고 하는 마음이 따뜻하게 전해져 왔다. 미안한 일이 아닌데 않은 데 미안하다고 하는 사람들이 옆에 있어서 고맙다. 조금씩 덜어내며 사는 게 맞는데 기를 쓰고 주워 담으려는 이기심으로 똘똘 뭉쳐 눈을 흘기는 그대들은 또 다른 바보다. 이 바보와 저 바보들이라 피차 그리움도 메마르고 기억도 희미해진 것일까. 그저 너는 너대로 나는 나대로 잘 살아가노라고 자존심을 세우지만 깊숙한 저 밑 강으로 흐르는 침전의 기억을 모른 체하기가 쉽지 않다.

 조금 더 기다리면 그리움은 잊힐까.
 나는 늘 바다처럼 푸른빛이 그립다.

65세 이하

노느니 이거라도 해보자 하고 관심을 두면 어김없이 65세 이하가 조건으로 붙어 있다.

65세 이상은 왜 안 되는 걸까? 요즘의 건강 상태로 보면 젊은 노인들이 대다수인데 배우는 일에 그것도 돈 내고 배우겠다는데 65세 이상은 오지 말란다. 나도 마지노선에 걸렸다. 가톨릭에서 진행하는 시니어 프로그램이 있는데, 1953년생까지만 등록을 할 수 있다고 밑줄 죽 그었다. 공짜도 아니다. 학기마다 수 십 만원. 2년 과정이니 몇 백 만원이 들어가야 하는 과정이다.

세심하게 살펴보니 돈 놀음이다. 악기도 배우고, 수학, 졸업

여행도 간다. 동아리 끼리 전시, 발표회도 하니 그도 돈 들어가는 일이다. 그런데 기꺼이 돈 내고 놀겠다는데 나이 제한은 무슨 이유일까? 말귀를 못 알아 들을까봐? 말귀 못 알아듣는 건 나이와 상관이 없다. 체력이 안 돼서? 체력에 자신이 없으면 가지도 않는다. 우아하게 늙고 싶어서 돈이 들어도 상관없다는데 몇 년생까지라고 못을 박는 저의가 궁금하다. 공연히 부아가 치밀고 막대기로 쳐내는 돌멩이 신세가 된 지금이 서글프다.

엊그제 마트에서 장을 보는데 김장철이라 유난히 복잡하고 무게를 다는 저울이 바빴다. 연근 한 뿌리 무게를 다느라 줄을 섰는데 앞에 선 이가 꾸물꾸물 손이 느렸다. 무게를 달고 계산표를 붙였으면 물건을 들어내야 하는데 마냥 올려놓고 딴 짓이다. 물건을 저울 위에 그대로 둔 채 다른 채소를 찾아오느라 뒷사람은 안중에도 없다. 성질 같았으면 저울에 놓고 간 물건 들어내 패대기를 치고 싶었다. 직원이 눈치껏 내 것을 달아주는데 그제야 치워진 비닐 봉투를 찾아 바구니에 담는다. 그 행동도 한가로웠다. 직원에게 하나마나 한 말까지 붙이면서 복잡한 통로를 막고 서 있다. 누군가 "지나갈게요." 하면서 그이를 치워주었다.

　나도 모르게 "아! 짜증나." 입 밖으로 소리가 터졌다. 직원이 "왜요?" 하면서 웃었다. 이유를 안다는 뜻이다. "그런 거 있어요!" 대꾸를 하고 돌아서는데 다른 직원이 "할머니들은 자꾸 물어보니까 대답을 안 할 수도 없고, 똑같은 얘기를 두어 번씩 해야 해." 자기네끼리 수군거린다.

　문득 이거구나 싶었다. 제 생각에만 치우치는 나이. 주위 사람에게 둔감해 지면서 본능이 두드러지는 나이. 내가 아프면 남도 아픈데 제 아픔만 생각하고 골질을 하는 나이. 그래서 따돌림 당하고 소외당하는 존재들.

　그 마지노선이 65세인 걸까?

　곱게 늙으라는 말이 괜히 생기지는 않았을 것이다.

　전문가들이 말귀 알아듣고 최소한의 염치를 차리는 나이를 65세라고 정의를 한 건가?

　온갖 추한 짓들을 하면서 창피한 줄도 모르는 나이 헛먹은 이들 때문에 우리가 마지노선으로 내몰린다.

　공공연한 '65세 이상은 안 돼요!'는 억울하고 불편한 잣대가 아닐까.

재롱잔치
- 세상의 중심

 손자가 백일이라고 직계 가족만 식당에서 조촐하게 상을 차렸다. 사돈댁에서 먼 걸음을 하셨고, 형제, 자매가 아이를 중심으로 모여 앉았다. 요즘 젊은 사람들의 세련된 상차림이 눈에 설었다. 이름을 새긴 작은 풍선이 큰 풍선 속에 들은 트로피가 신기했다. 화가이신 바깥사돈이 보자기의 주름을 예쁘게 잡아 떡 케이크 밑에 깔자 모양이 화사해졌다. 역시 미적 감각이 다르신 게다.
 왁자지껄 식사를 마치고 사진을 찍는데 죄다 나서서 박수를 치고 이름을 부르고 하면서 아기의 시선을 끄느라 법석을 떤다. 아기는 울지도 않고 방긋방긋 웃으면서 소리를 쫓아 시선을 돌린다. 한바탕 법석이 끝나자 며느리의 조카들이 아기를 안아보고 싶어서 둘이 실랑이다. 초등학생들이라 동생이 마냥 귀여워 발도 만져 보고 손가락도 잡아보고 옆에서 떠날 줄을 모른다.

아기가 가져온 행복의 엔도르핀을 실감한다. 가족들에게 세상의 중심이 되어 가운데 턱하니 자리 잡은 아기의 맑은 눈빛이 사랑스럽다. 종가인데 딸 둘을 낳아 마음 고생하셨다는 안사돈은 시집 간 큰딸도 딸만 둘이라 내심 섭섭하셨는지 사내아이 첫 손자가 예뻐서 품에서 떼지를 못하신다. 바깥사돈도 그저 꿀 떨어지는 시선으로 입이 벙싯벙싯 행복한 표정이시다.

아가의 백일잔치는 어른들의 재롱잔치가 되었다. 아기의 손짓, 옹알이 소리에 기뻐 웃는 어른들. 양쪽 집안에 행복한 씨앗이 심어졌다. 가꾸고 다듬는 기쁜 일들로 내 세상도 채워질 것이다. 감사하고 또 감사한 은혜가 아닌가.

먹고 죽은 귀신들의 때깔

 죽기 살기로 먹어대는 '먹·방'이라는 방송이 봇물 터진 듯 채널만 돌리면 나온다. 보는 사람이 건강을 걱정해야 할 정도로 무식하게 먹어대는 폭식의 현장을 보면서 먹고 죽은 귀신은 때깔도 곱다는데 저이들은 때깔이 곱기 위해 저러는 걸까 쓴웃음을 지어 본다. 어떤 이는 생고기를 입에 처넣으며 눈알마저 희번덕거려 소름이 끼쳤다. 생고기를 씹으면 핏물도 가득 나올 테니 생각만 해도 토악질이 난다.
 왜 저렇게까지 먹는 거에 집착을 하는지 굶고 산 사람들도 아니건만 알 수가 없다.
 미식가들이 맛있는 음식을 찾아다니고 소개하는 것까지는 정보를 얻는 면도 있으니 이해가 가는데 앉은 자리에서 맹목적으로 죽어라 먹어대는 모양새는 꼴불견이다. 방송을 위해 무리를 하는 건지는 모르나 인간의 존엄성을 의심하게도 된다. 짐승도 아닌데 음식을 들이붓고 있으니 소화는 제대로 시키는지 소화제를 먹으며 버티는 건지 안쓰럽다. 연예인들의 죽어라 먹어대기는 많이 먹기보다는 얼마나 맛있게 먹는가에 초점이 맞춰져 이제는 보통 사람들도 그렇게 먹어야 되는 줄 착각을 하는 것 같다.

가끔 식당에서 식사를 하는 사람들에게 방송국 카메라를 비추면 신이 나서 입을 쩍쩍 벌리면서 맛있다고 외쳐댄다. 음식을 씹는 사람의 입은 천박하다. 그래서 식사예절이라는 게 있는 게 아닌가. 쩝쩝 소리도 내지 말라는데 일부러 쩝쩝거리면서 생물을 입에 물고는 히죽거리는 걸 보면 '상놈'이라는 게 괜히 있는 말이 아니구나 싶다.

양반, 상놈의 폐단은 사라졌지만 그래도 양반이 되는 게 낫지 않을까?

맛있게 적당히 먹고 살았으면 좋겠다.

백발이 좋다

　세월의 증표로 머리가 세기 시작했다. 희끗희끗하다가 한 달만 지나도 반백이 되어버린다. 흰머리가 섞이면 이상하게 추레해 보이니 염색을 하지 않을 수가 없어서 미장원 출입을 한다.
　여고 시절에는 삼단 같은 갈래 머리가 자랑이었는데 이제는 탈모까지 심해져 대머리 노인이 될 것 같다. 미용사는 나이에 비해 숱이 많았는데 최근에는 정수리 부분이 눈에 띄게 휑해졌다고 당사자보다 더 걱정이다. 부분 가발을 사용해 보라고 하기도 하고 가능한 염색을 줄이라고도 한다. 안 그래도 횟수를 줄이느라 보이는 부분만 살짝 칠하기도 하고 외출을 할 때는 모자를 푹 눌러 쓰고 다닌다.
　오랜만에 만난 지인이 염색이 싫어서 그냥 내버려 두기로 했다면서 백발이 되어 나왔다. 남편을 여읜지 얼마 안 되어서 심신이 지쳐있기도 하고 나이도 있는데 뭐 그리 안달을 하고 살 필요가 있나 싶었다고 했다. 마른 사람이 백발을 하니 나이가 더 들어 보이는 것도 같았고 그이의 심정이 전해져와 안쓰럽기도 했다. 한참을 얘기하면서 자꾸 백발에 눈이 갔다. 짧게 자른 머리가 단정해 보이기도 하고 검은 머리가 적당히 섞여 일부러 한 듯 세련돼 보이기도 했다.

며칠 후에 미장원에서 "나도 백발로 놔둬 볼까?" 했더니 "에이 아직은 이르세요. 조금 더 있다가 그렇게 하세요." 반대를 했다. 젊지도 늙지도 않은 어중간한 나이라 지레 늙어 보일 거라며 7학년까지는 염색을 하라고 한다.

"그래봤자 얼마 남지도 않았네!" 깔깔 웃고 말았는데 선뜻 내키지는 않는다. 반 곱슬머리를 한 지인은 흰머리가 어울려 멋쟁이로 보이는데 나는 머리털이 한쪽으로 뻗치는 이도저도 아닌 곱슬머리라 파마를 하던 드라이를 하던 손을 대야해서 성가시다. 그러니 흰머리가 삐죽삐죽 뻗어서 까치둥지를 하고 다니면 꼴불견이 따로 있을까.

인위적인 것보다는 자연을 따르는 세태라고 한다.

머리털도 억지로 물들여 검다고 착각하기보다 반짝거리는 하얀 은발을 소망해 본다.

  나이 들어 긴 머리 출렁이는 것도 그리 좋아 보이지는 않으니 단정하게 손질한 하얀 머리가 대세이기를 꿈꾼다.

어르신

 어느 날인가부터 어르신 소리가 귀에 들렸다. 주민센터, 은행, 병원, 상점…. 모든 곳에서 나를 어르신이라고 호칭했다. '너, 늙었어!' 하는 것 같아 듣기 좋지는 않았다.
 다른 사람들도 이심전심이라 불만이 많았는지 요즘은 선생님이란다. 주민센터에 가니 선생님이라고 불렀고, 보건소에 예방주사를 맞으러 가도 선생님이라고 불렀다.
 "선생님?" 내가 누구의 선생이었던가?
 코로나로 마스크 파동이 일자 서울시에서 마스크를 나누어 주었다. 통장이 찾아와 5개들이 두 봉지를 남편과 내 몫이라며 전해주었다. 확인 사인을 하는데 지나가던 이웃이 "우리는 안 줘요?" 물었더니 "65세 이상 어르신들만 드리는 거에요."라고 답을 했다.

 공연히 이웃에게 무안했다. 내가 65세 이상 어르신이라는 걸 그이에게 들킨 것 같았다. 젊은 사람들에게는 65세 이상 어르신은 사람이 아니고 물갈이를 해야 하는 잉여된 삶의 주인공들이다. 공공연하게 집구석에 가만히 있으라는 망언도 가볍게 입에 올리는 정치인들도 있었지 않은가. 그분은 요즘 집구석에 가만히 있는지 궁금하다. 태극기 휘두르는 시위대를 향해 하루 빨리 물갈이를 해야 한다는 요즘의 세태를 보면서 입에 올리는 어르신이라는 단어의 무게를 생각해 본다. 나잇값을 해야 하는 게 어르신인데 솔직히 생긴 대로 사는 게 인간인지라 나이 들어서도 세 살 버릇 잊지 않는 게 인간들이다. 타고 난 성정을 어쩔까.

 그래서 배우고 익히는 게 또한 인간의 모습인데 배운 것도 소용없고 보고 느낀 것도 없는 세상이 되어버렸다. 내가 젊어 철없을 때 나이 든 이들을 보면서 '왜 저렇게 살지? 왜 저렇게 염치가 없어? 왜 자기밖에 모르는 걸까?'라면서 '왜?'를 입에 달았다.

 이제와 '왜?'의 주인공이 되고 보니 세월이 그렇게 만들었다. 부대끼며 사느라 염치도 슬쩍 버리고 좋고 싫은 것 구별하면서 적당히 타협하고 아니면 말지도 남발을 했다. 사방에서 어르신이라고 대우해줄 때 나잇값을 해야 하는 의무를 생각해 본다.
 몽니도 버리고 아집도 버리고 예외의 특혜(?)도 비워버려야 어르신이 되는 게 아닐까.

라떼는 말이야

 옛일을 들추어내며 감상에 젖는 꼰대들의 눈치 없음이 희화화되어 '라떼는 말이야'라는 인터넷 용어가 떠돌고 있다. 나는 처음에 그 말이 뭔지 몰랐다. 연예인들이 저희들끼리 흰소리를 할 때면 '라떼는'이라고 자막까지 뜨기에 뜻을 찾아보았더니 '나 때는 말이야'로 시작되는 꼰대 용어라고 했다. 꼰대라는 말도 썩 좋은 어감이 아닌데 걸핏하면 '나 때는'을 부르짖는 식상한 버릇들을 질색하는 젊은 사람들의 직설적 표현인 것도 같다. 하긴 매사에 '나 때는'이 아닌 게 어디 있을까.
 물질적으로 아쉬울 게 없는 시절이니 아끼거나 쓸데없는 구입을 나무라는 어른들의 간섭도 귀찮고 없었던 시절의 궁핍을 훈장처럼 들이대는 궁상이 싫은 게 사실일 것이다. 전쟁 후에 태어난 각박한 시절을 살아낸 우리 세대에게 고생을 모르는 젊은 세대가 행하는 낭비나 소유의 개념을 이해하기는 쉽지가 않다. 월세를 산다는 사람이 고급 승용차를 끌고 다니는 게 우리에게는 정신 나간 짓이지만 자기만족을 중시하는 세대들에게는 있을 수 있는 일이다.

나는 가끔 손자를 돌보면서 일회용 기저귀가 아깝다는 생각을 지울 수가 없다. 튼튼하고 흡수력도 좋은 두툼한 패드가 깔린 기저귀는 아기가 오줌을 두어 번 눠도 표시가 나지 않을 만큼 잘 만들어졌다. 그런데 몇 번을 싸도록 두면 아이의 피부가 짓물러 발진이 올라오는데, 반쯤은 새것 그대로인 기저귀가 아까워서 갈아주지 않는지 아기의 아랫도리가 늘 벌겋게 짓물러 있어 속이 상한다. 넌지시 천 기저귀를 일러보았지만 마이동풍이다. 세탁기로 빨고 건조기가 말려 주고, 세상 편할 것 같건만 엄두가 나지 않는 모양이다.

그러니 나도 '나 때는 말이야'가 저절로 떠오른다.

아기가 자는 동안 부지런히 삶아 빨고, 비라도 와 빨래가 마르지 않으면 다리미로 말려서 늘 보송보송하게 건사했건만 요즘 엄마들은 일회용 기저귀가 아니면 아기를 키우지 못하는 줄 아는 것 같다. 외출할 때만 사용하면 좋으련만 아기는 늘 밀폐

된 기저귀로 무장을 하고 있다. 잔소리를 삼키려니 속이 상해 '편리한 세상을 사는 것도 너희 복이다.' 혼자 쓰린 마음을 위로한다.

  부족하고 궁핍하고, 아쉽기만 하던 그땐 그랬지.

  '나 때는 말이야' 참 부지런히 살았단다.

4.

예쁜 당신들

섬에 사는 노부모의 애끓는 기다림이나 내가 가깝고도 먼 아들의 섬에 찾아가는 마음은 비슷한 게 아닐까. 아들이라서 손자라서 그립고 보고 싶다는 엄마의 본능.
우리는 그냥 저마다의 섬에 살고 있는지도 모른다.

남의 집 김치

몇 해 전에 절임 배추를 잘 못 사서 20포기 김장 김치를 모두 망쳤다. 씹을 때마다 쓴맛이 올라와 도저히 먹을 수가 없었다. 지인들이 아마도 그 배추는 중국산 소금을 썼을 거라고 했다. 남의 반년 양식을 망치고도 당신이 재료를 잘못 썼을 거라고 발뺌을 하던 양심 불량의 업자는 사업이 잘 되고 있는지 궁금하다.

망친 김치 소식에 이웃에서 불우이웃 돕기인 양 몇 포기씩 김치들을 갖다 주었다. 맵고 짭짤하고 시원한 집마다 특색 있는 김치들을 한 겨울 내 잘 먹었다. 문제는 작은아들이 김치에 손도 대지를 않았다. 남의 집 김치는 먹지 않는다며 차라리 공장에서 만든 김치를 사달라고 했다. 다시 담그기도 꾀가 나서 말대로 브랜드 별로 이것저것 조금씩 사왔는데 희한하게 첫 입에 맛있는 듯 하다가 이틀만 되면 군내 같은 게 나서 젓가락이 가지를 않았다. 아들도 이상하게 냄새가 난다고 했다. 결국 아들은 겉절이로 겨울을 났다.

쓴 김치는 찌개를 끓여도 쓴맛이 나서 화가 치밀었다. 배추 값보다도 고춧가루며 젓갈, 갖은 양념에 들인 품까지 아까워서 버리지도 못했다. 김치 냉장고를 반이나 차지하고 있었는데 4년이 지난 지금도 한 통이 남아있다. 볶거나 전을 부치면 그나마 쓴맛이 덜어져 열심히 거둬 먹는 중이다.

그 후로 절임 배추에 불신이 생겨 주문을 않다가 지난해에 다시 사들였는데 이번에는 배추가 덜 절여져 밭으로 가기 일보 직전이었다. 다시 웃소금 뿌려 절이느라 돈 들이고 고생은 그대로 하고 화를 삭이며 음식을 해서인지 평생 담근 김치 중에 제일 맛이 없었다. 남편은 위로랍시고 나이가 들어 간을 맞추지 못한 거라고 해서 속을 뒤집었다. "이제 김장은 마지막이야. 맛이 있거나 말거나 사 먹을 거야!" 나의 선언에 아들은 그러라고 쿨 하게 대답했다.

주부 노릇 40여 년이 지나고 보니 남이 해준 밥이 맛있고, 김치도 남의 집 김치가 맛이 있다. 해마다 한 통씩 보내주던 지인의 손맛이 그립다.

인정과 몰염치한 기억 속 사과

 스무 살 어느 여름날에 친구와 완행선 기차를 탔다. 놀러오라던 친구를 찾아 부여로 가는 길이었다.
 태어나서 처음 완행열차를 탔는데 그 시절에는 기차가 도착하는 시간이 제 시간이었다. 그걸 모르고 몇 시에 도착하노라 전보까지 치고는 희희낙락 들떠서 두 철부지 처녀가 길을 떠났는데 6~7시간을 예상했던 기차는 기억에 12시간쯤 걸렸다.
 기진맥진 겨우 도착한 역사에는 아무도 없었다. 주소 한 장을 들고 서울에서 난생처음 찾아든 부여라는 곳. 밖은 이미 어두워서 어찌할 바를 모르는데 주변에서 어슬렁거리던 불량배 같은 아이들이 자꾸 말을 걸었다. 몇 마디 주고받아 우리의 사정을 파악한 그들이 어느 여관이 조용하네, 어쩌네. 자기네끼리 떠들었다. 동네 처녀 총각들이 모여서 놀다가 흥밋거리를 발견한 셈이었다.

여관 소리에 겁이 덜컥 났다. 세상물정에 어둡던 우리는 여관이라는 곳은 가서는 안 될 곳이라고 믿고 있어서 그네들이 우리를 잡아갈 것 같았다. 내가 파출소로 가자고 하자 친구가 펄쩍 뛰었다.

친구의 말로는 파출소는 더 무섭다며 도리질을 하더니 역전에서 노점을 하는 아주머니 앞에 앉아 구구절절 사정 설명을 했다. 그때만 해도 순박한 시절이라 아주머니는 두 처자가 딱해 보였는지 팔던 사과를 떨이하면 잘 곳을 소개해 줄 테니 조금 기다리라고 했다.

마음이 불안하고 다급했던 나는 내가 다 살 테니 그냥 가자고 졸랐다. 그 말에 아주머니는 함지를 머리에 이고 앞장을 섰다. 동네 아는 집인데 남자가 없고 엄마하고 아이들만 있으니 끼어 자라고 했다.

생면부지의 남의 집에 그것도 한밤중에 아이들이 자는 옆에 끼어 누웠다. 안심이 된 마음에 데려다준 아주머니가 멈칫거리는 것도 모르고 둘이 움츠리고 잠을 잤는데 새벽에 너무 추워서 잠을 깨니 누군지도 모르면서 집주인 아주머니가 이불을 끌어내려 덮어주며 "에그, 새벽이라 추운데 뭐라도 갖다가 덮지." 혼잣소리를 했다.

　얼떨결에 신세를 지고 아침이 되니 그 집 아이들이 올망졸망 모여서 우리를 구경했다. 난데없이 웬 처녀들이 둘이나 잠을 자고 있으니 이게 무슨 일이야? 하는 표정이었다. 잠을 깨자마자 고맙다는 인사만 달랑 하고는 길을 나섰다.

　밤에 데려다준 아주머니를 찾아 역전을 가니 사과를 받으러 가서 아직 나오지 않았다고 한참 후에나 오신다고 했다. 그렇다고 두 돌머리가 그대로 친구를 찾아 등을 돌렸다. 얼마나 고마운 일이었는지도 깨닫지 못하고 그렇게 배은망덕한 셈이었다. 머리가 돌아갔다면 밤에 바로 사과를 다 사서 그 집 아이들에게 주고 왔어야 했는데 엄한 아주머니만 사과도 팔지 못하고 고약한 서울계집 아이들에게 이용당한 꼴이 되었다.

　친구를 만나야 한다는 생각에 사로 잡혀 부지런히 묻고 물으며 시골 길을 헤매다 반나절이 지나서야 친구네 집을 찾았다.

　친구는 집에 없었다. 서울 친구들이 온다고 마중을 나가서 아직 오지 않았다며 올케 되는 분이 방에서 쉬고 있으라고 했다. 끼니때가 한참 지난 시간임에도 이내 칼국수를 끓여왔는데 양이 어찌나 많은지 속으로 우리가 돼진 줄 아나 웃음이 났다.

하루를 꼬박 굶은 탓인지 그렇게 맛있는 칼국수는 처음 먹어 보았다. 큰 그릇에 더 떠놓아준 칼국수까지 다 먹어 치우고 곤하게 잠이 들었는데 그때서야 돌아온 친구가 소리를 질렀다.

"야~! 너네 찾느라고 부여역을 다 뒤졌어. 얼마나 걱정했다고!"

자초지정을 들은 친구가 안 그래도 어떤 아주머니가 처녀들이 딱해서 아는 집에 데려다 주었는데 사과를 안 팔아 주었다고 하시기에 자기가 한 봉지 샀다고 '괜찮아' 했지만 나는 지금 이 나이에도 그때로 다시 돌아간다면 그분께 고맙다는 말 다시 전하고 싶다. 빤히 쳐다보며 수줍게 웃던 꼬마들에게도 맛있는 과자라도 사주고 싶다. 염치를 내다 버리고 온 부여역이 기억에 희미하다.

그분들은 순박하고 넘치던 정으로 잘 살아 주셨을 거다. 기억이나 하실까. 싸가지 없었던 두 가시나이를.

섬

낡고 닳아버린 육신을 지고 '부모'는 '자식'을 기다린다.

물에서 건지고, 흙에서 거두고, 들려 보낼 온갖 것을 추스르지만 늘 부족해서 아쉽다. 목을 빼고 기다린 아들이 '폭풍주의보'로 배가 뜨지를 않아 섬에 오지 못한다. 늙은 어머니는 긴 한숨으로 하늘을 원망한다.

'자식'은 무엇일까?

힘들게 찾아와 겨우 하룻밤을 자고 가는 아들의 뒷모습을 보며 어머니는 눈물을 흘린다. 섬에 사는 그이들에게 기다림은 길다.

영상을 보는데 눈물이 쏟아졌다. 내 아들은 지척에 있다. 차로 10분이면 닿는 아들의 보금자리. 그런데 나는 손님이 되어 걸음이 조심스럽다. 부족한 것 없이 살고 있으니 손에 들고 갈 일도 없고, 보고 싶다며 불쑥 찾아가는 교양 없는 짓은 하지 말라고 선배들에게 교육을 받았다. 며느리가 번호 키는 불편하실 거라며 그저 대기만 하면 열리는 자석 키를 주었는데 2년 넘게 사용한 일이 없다. 맞벌이를 하니 빈 집에 갈 일도 없고 간혹 보게 되더라도 외식으로 때우고 돌아서오니 아이들 집에 발을 들여 놓은 회수가 헤아려진다.

시시콜콜 간섭하고 지시하던 시집살이는 우리 세대에서 지워져 아이들은 이사도 말없이 저지른다. 아이가 생기자 평수를 넓혀 집을 옮겼는데 지근거리에 온 줄도 몰랐다. 신혼 25평 아파트가 좁다고 할 때는 '철도 없지' 싶었다. 그런데 이사를 한다고 해서 걱정을 하자 짐도, 청소도 전문 업체에 맡겼다고 얼씬도 못하게 했다. 이삿날 부모가 참견을 하면 업체 사람들이 싫어한다고 "나중에 오세요." 못을 박았다.

정리가 끝났다고 집 구경을 시켜주는데 마음이 착잡했다. 아기를 맞을 준비를 하느라 새 단장을 해놓았는데 부모의 손이 필요 없었다. 이사 전에 소파를 새로 들인다고 해서 선물로 장만해준 것 말고는 해줄 것도 해달라는 것도 없었다. 남의 집에 손님으로 간 듯 생뚱한 기분이라 그야말로 구경을 하고 바로 일어서고 말았다. 아들 집이라고 보름은 기본으로 친지들 불러 들이며 당당하던 시어머니의 기개가 새삼 부러운 기억으로 떠올랐다.
 요즘은 아기를 보러 일주일에 두어 번 출동을 한다. 며느리가 운동을 시작했다고 해서 운동하러 가는 요일에 보모 노릇을 한다. 이유야 어떻든 간에 벙싯거리는 아기를 보는 낙에 허리가 아프든 말든 복대를 차고 부지런히 걸음을 한다. 순둥이라 보채지 않아 다행인데 잠투정만은 예외라 20여 분을 안고 얼러야 겨우 잠이 든다. 아기가 안겨서 옹알이를 하며 잠투정을 하면 그 사랑스러움에 행복이 별건가 싶기도 하다.
 섬에 사는 노부모의 애끓는 기다림이나 내가 가깝고도 먼 아들의 섬에 찾아가는 마음은 비슷한 게 아닐까. 아들이라서 손자라서 그립고 보고 싶다는 엄마의 본능.
 우리는 그냥 저마다의 섬에 살고 있는지도 모른다.

나쁜 기억

그림자도 밟지 않는다는 스승을 갖지 못했다.

인성이 고약해서 학생들을 함부로 대하던 교사와 그릇이 작았는지 욕심을 채우려고 체면 따위는 없던 생계형 교사들. 식민지 시절과 전쟁을 치른 암울한 시절이어서 모든 게 주먹구구식이라 진위를 알 수 없는 졸업장으로 단기 교육 마치고 나면 교사가 되던 시절도 있었고, 달랑 2년제 교대를 나오면 취업이 보장되었기에 공부 잘 하던 가난한 가정의 친구들이 교대 지망을 했다. 고작 스물 한두 살의 어린 나이가 스승이 되었으니 품성이 좋은 교사를 만난 제자들은 행운이었고 돈을 좇던 교사는 촌지에 눈이 멀어 품위 따위는 내다버렸다.

내가 다녔던 초등학교(국민학교) 시절은 사범학교라는 5년제

중등학교를 마친 선생들이 교사를 했다. 가난한 시절이라 부모들은 자식에게 성공, 출세를 바라며 교육에 목을 맸다. 내 아이를 특별하게 키우겠다는 열망 때문이었을까? 촌지라는 관습이 질기게 자리 잡은 시기이기도 하다. 지금도 그 시절에 반장, 부반장을 하던 부잣집 아이들이 누리던 특혜가 기억으로 남았다. 한 반 백여 명에 육박하던 콩나물 교실이라 키에 상관없이 앞자리에 앉고 추운 겨울에는 난롯가가 그 아이들의 특권이었다. 어린이 날이라고 연필, 공책을 나눠주던 임원 학부형들의 선심이 그 특혜에 대한 답이었다. 아름답지 못한 기억이다.

중·고등학교 때는 여학교였음에도 마음 놓고 폭력을 휘두르던 몇 몇의 선생이 있었다. 교실에 들어와 시계부터 끌러 놓던 국어선생은 시험의 결과에 맞춰 아이들을 두들겨(?) 팼다. 틀린 개수만큼 손바닥을 때리다 피하기라도 하면 머리도 쥐어박고 손에 잡히는 대로 빗자루며 지휘봉을 들어 등을 때렸다. 심지어 창가로 끌고 가 밀어버리는 흉내도 냈다. 요즘 같으면 경찰서에 끌려갈 사람 아닌가? 그것이 잘못이고 있을 수 없는 일임에도 당연한 듯 저지르던 그분은 지금 뉴스에 나오는 교사 폭행 사건을 보며 어떤 생각을 할까?

저마다의 생각이 다르고 인성도 다를 수밖에 없지만 어떤 영향을 받는가에 따라 그 삶의 질이 달라진다. 교사의 말 한마디, 무게가 아이에게 끼치는 영향을 생각한다면 남다른 각오를 가져야 하는 게 교사의 길이 아닐까 싶다.

　요즘 모델로 두각을 나타낸 검은 청년이 있다. 검은 피부로 인해 따돌림 받고 힘들 때 중3 담임선생님의 배려로 대안학교로 옮겨 힘든 시절을 이겨 내고 건강한 성인이 되었다. 그 청년의 아픔을 이해한 고마운 스승이다.

　이 나이에도 친구들을 만나면 여고 시절의 이야기로 지지배배 떠든다. 그런데 희한하게도 괜찮았던 스승은 없고 고약하게 굴었던 스승만이 입에 오른다. 유난히 체벌을 가하던 체육시간. 매 타작이 일상이던 국어시간. 그분들은 왜 그랬을까? 입시전쟁의 피해였을까? 우리는 예비고사라는 입시 제도를 겪었는데 합격, 불합격의 프로테지가 신문에 나고는 해서 서울 시내 10위권을 지키기 위해 그렇게 비교육적으로 닦달을 해야 했을까?

　실컷 웃고 떠들다 내리는 결론은 한결 같다.
"우리는 참 불쌍한 세대야."

　오래 기억되는 훌륭한 스승이 없는 불행한 시절이었지만 졸업 후에 모교를 찾았던 어느 날 다른 분들은 '왜 왔나?' 하는 표정으로 지나치는데 수학선생님이 아주 반갑게 이름을 불러주셨다. "들어와, 들어와~" 하시면서 교무실 당신 자리에 앉혀 놓고는 따뜻한 차 한 잔을 갖다 주셨다. 지방대에 다닌다고 의기소침한 내게 말했다.

"괜찮아! 너만 잘하면 돼! 지방이면 어때? 용 꼬리하지 말고 뱀 대가리 하자!"

환하게 웃으시던 그분의 음성이 따뜻하게 남아있으니 한 가지 복은 있나 보다.

답이 늦은 그림엽서

　밤새도록 결투를 하는 두 남자의 몸은 진흙에 파묻혀 있다. 온 힘을 다해 헤어 나오려고 하는 진흙의 굴레 - 두 사람의 현실이고 운명이다.
　악에 받쳐 곤봉을 휘두르는 그들의 광기는 요즘의 세상과도 닮아 있다.
　입만 열면 상대를 질타하는 정치가들의 '내로남불'이 '고야의 곤봉결투'에서 보여진다.
　스페인 여행길에 '프라도' 미술관에서 수박 겉핥기로 스쳤던 그림이라 기억에도 없었는데 새해 들어 '이난호' 수필가께서 그림엽서를 보내주셨다. 소중하게 간직하셨던 엽서인데 책에 대한 답례로 보내주셨다. 작품집을 출간하고 보내드린 분들 중에 그렇듯

뜨겁게 반응하고 좋은 글을 주시고, 격려까지 해주신 분을 처음 만났다. 한 번도 뵙지 못한 분이지만 그분의 저서 『아홉 번 떠났다. 산티아고』를 읽으면서 존경심이 들었다. 한두 번 다녀오고 전문가인 양 너도 나도 써내는 유행을 비껴간 진솔한 기행문이 아닌가. 그래 9번이나 그 여정을 즐기신 분이라면 너도 가보라고 할 자격도 있는 거지. 나도 언젠가는 용기를 내서 반이라도 걸어 보고 싶었던 산티아고의 길들이 가슴을 설레게 했다. 불행하게도 코로나 바이러스라는 불청객이 세상을 흉흉하게 만들고 있어 가까운 여행도 못가고 있는 실정이니 내가 살아서 그 길을 걸어 볼 기회가 오려는지 암담하지만 꿈은 계속 꾸고 있는 중이다.

2020년 새해는 덧없이 지워져 간다.
많은 일들이 찾아오기도 했던 새해의 시작. 첫 손자가 설 명절 며칠 뒤에 태어나서 몸도 마음도 분주했다. 꽃바구니 들고 며느리와 손자를 보러 가리라던 희망은 여지없이 무너지고 코로나 바이러스로 비상이 걸린 산후조리원은 얼씬도 하지 못했다. 사진으로 보내오는 아기의 모습에 애를 태우다 두 달이나 지나고서야 품에 안아 보았다. 제 아비를 꼭 빼닮은 녀석은 낯설지가 않았다. 옹알이를 하고 입을 삐쭉이고…. 모든 게 사랑스러워서 진짜 할머니가 된 섭섭함을 달래 주었다.

걸음이 묶인 경자년의 반이 지나고 아기는 무럭무럭 자라 이제는 제법 칭얼대면서 의사를 전하기도 한다. 안아달라고 무릎으로 기어오르는 아기의 몸짓이 사랑스러워서 팔불출로 고단함도 잊었다. 여행도 못가는 실정이니 마음속에서는 답답함이 치밀어 오르는데 가끔 아기를 보는 일이 숨통을 틔워준다.

무기력하고 심드렁한 일상 속에서 꾸준히 작품집을 상재하고 보내주시는 분들이 "대단하네." 부러워하다 문득 반년이 지나도록 답을 드리지 않았던 그림엽서가 생각이 났다. 아끼는 엽서였노라 글을 주셨던 선생의 정에 '참 무심하게도 게을러 있었네.' 자책이 되었다. 장맛비에 주춤했던 마음을 다잡고 지글지글 끓는 폭염을 친구하고 앉아 기억을 더듬어 백지를 채워 보기로 했다.

내 마음도 결투를 시작한다.

생긴 대로

 처음 보는 이 하고는 말을 섞지 않았다. 불편하고 서먹한 느낌이 쉬이 입을 열게 하지 않는다. 해서 쌀쌀맞다거나 건방져 보인다는 말도 들었다.
 나이가 들면서 넉살이 늘었는지 근간에는 이내 적응을 하는 편이라 그럭저럭 낯선 이들과도 잘 섞이니 세월이 준 처세일까. 그런데 도가 지나치면 중간보다 못한 법이라 어느 순간 실수를 깨닫는다. 말이 많아져서 조잘조잘 떠들어대는 나를 발견하고 무색할 때가 자주 있다. 지인이 '경계'를 하지 않고 속을 내보이니 조심하라고 넌지시 일러줬다. 단순해서인지 사람을 만나면 분위기에 휩쓸려 속마음을 감추지 못하고 말을 보탠다.
 상대가 이러고저러고 하는데 맞장구를 치고 하하 호호 웃고 떠드니 돌아오는 말은 '그이가 그랬어요.' 하면서 본인은 쏙 빠지고 맞장구 친 내가 푼수가 되어 버린다.

　오래전에 뼈아픈 경험을 했다. 세상 살갑게 굴어 간이라도 빼줄 듯이 눈웃음을 치던 이에게 있는 속, 없는 속 다 내보였는데 알고 보니 뒷전에서 온갖 흠을 잡고 말을 전하고 이간질을 하면서 나를 진흙탕에 처박았다. 그 이중성에 소름이 끼쳐서 한동안은 닮은 사람도 보기 싫었다.

　결국 농간에 놀아난 건 나뿐만은 아니었다. 평생지기로 지낼 것 같았던 사람들하고도 척을 지었으니 한 사람의 교활한 인간성이 여러 사람을 잡은 셈이다. 그때의 확실한 경험으로 사람을 경계하고 쉽게 마음을 열지 않는다.

　십 수 년 같이한 몇 안 되는 지인들이, 생긴 건 차가워 보여도 본심은 착하다고(?) 놀아주어 그나마 다행이다. 이제는 '어르신'이라는 소리를 듣는 나이도 되었으니 쓸데없는 단체 놀이도 아쉽지 않다. 건강하게 움직이는 얼마간의 유예된 시간 속에서 낯가림을 방패로 좋아하는 사람만 만나고, 유유자적 삶을 즐기고 마무리할 것이다.

나르시시즘

 '나르시시즘'은 그리스신화에서 물에 비친 자기 모습에 반해 물에 빠져 죽은 미소년 나르키소스에서 따온 것이다. 한국어로 번역하면 자기애라고 한다. 정신분석학자 '프로이트'는 나르시시즘을 인격 장애의 하나로 판단했다. 자기중심적으로 형성된 인격이라 남과의 교류도 쉽지 않고 자칫 잘못된 판단으로 주위에 해를 끼칠 수도 있으니 가까이 하기엔 먼 당신이라고나 할까.
 이론적으로는 정신병일 수도 있는데 사실 우리는 모두 약간의 나르시시즘 환자가 아닐까. 아무도 인정하지 않는데 자아도취로 자신을 내세우고 우쭐거리는 속물도 많고 남에게 나 이런 사람이야 하고 들이대는 꼴불견도 쉽게 볼 수 있는 게 사실이니 자기애가 강한 사람이 옆에 있으면 피곤하다. 본인은 학벌도 시원찮으면서 마치 명문 출신인 양 남의 학벌을 입에 올리는 사람도 보았고, 지인에게 대놓고 '박사도 아니면서 강연을 한다.'고 면박을 주어 빈 수레의 요란함을 실감했었다.

주위에 흔한 나르시시즘 환자들. 고개 숙이고 입을 다물고 있어도 시원찮을 인간들이 애국지사 흉내도 내고 세상에 없는 도덕군자처럼 남을 단죄하겠다고 설친다. 법을 공부했다는 사람들이 지탄받을 짓들은 골라 해놓고 모르쇠로 '내로남불'이니 살맛 안 나는 대한민국이다. 그 딸아이도 제 부모에게 배운 게 도덕 불감증이니 뻔뻔스럽게 TV인터뷰도 한 게 아닐까.

동화에서 읽은 아름다운 미소년의 나르시시즘이 변질되어 이제는 뻔뻔하고 이기적이며 염치 따위는 안중에도 없는 단어로 전락해 버렸다.

글을 쓴다는 우리 글쟁이들은 최소한의 양심으로라도 자기애와 무게를 나누어야 하는데 치우친 자기애 환자들이 너무 많아서 피곤하고 지루하다.

죽어야 낫는 병이 나르시시즘이 아닐까.

눈치와 염치

 코로나 바이러스로 무기력한 시간을 지내고 있다. 사람이 모이는 곳에 가지 말라니 갈 데도 없고 딱히 할 일도 없다. 다람쥐 쳇바퀴 돌 듯 자고 일어나 먹고 치우고의 단순한 일상이 지루하다.
 꼬박꼬박 집밥을 챙기는 남편에게 화가 치미는 건 어쩌면 저렇게도 한결 같을까? 싶어서다. 제일 듣기 싫은 소리가 맛있게 해주니 그러는 거라고 불을 지피는 입들이다. 맛있어서가 아니라 습관이고 내력이다.
 내가 시집을 가서 제일 처음 들은 소리가 '우리 집은 매식을 하지 않는다.'였다. 매식? 아, 외식? 처음에는 심각하게 들리지 않았다. 친정은 그 당시에는 적다할 삼남매뿐이라 외식이 잦았다. 아버지가 미식가이기도 했고 직업상 외국에 계시는 경우가 많아서 집에 오시는 날이면 잡숫고 싶었던 중국 요리를 배달시키고는 했다. 중국 음식이라면 우동, 짜장면이 최고이던 남매들에게 이름도 생소한 요리를 시켜주시면 천상의 음식인 양 식구들이 맛깔스럽게 그릇을 비웠고, 친척들이 오면 이북피난민 출신들이라 냉면을 먹으러 남대문 회냉면 집으로 단체 회동을 하기도 했다. 그래서 나에게 외식은 자연스러웠고 내키면 시켜 먹는 게 당연했다.

  시댁은 식구도 많았고 먹는 양도 많았다. 나는 머리털 나고 그렇게 많이 먹는 사람들을 처음 보았다. 친정에서 국수는 입에 대지도 않았는데 시댁에서는 국수를 다발로 삶았다. 최소한 15인 분은 되는 국수를 삶기에 누가 다 먹으려나? 걱정을 했는데 5명의 남자가 비빔과 물 국수로 나누어 두 그릇씩 비웠다. 하루 세끼를 먹을거리 준비로 종종걸음을 쳤다.

  집안 행사라도 있으면 일가친척이 3~40명 떼로 몰려 1박 2일을 기본으로 숙식을 해결했다. 주로 서울에 사는 친척들이 부산으로 오면 당연한 듯이 여관대신 들렀다.

  내가 그이들과 무슨 상관이던가? 며느리는 일손이라고 생각하는 사람들이니 끼니를 챙겨줘야 하는 의무가 얹어져 내 속에서는 활화산이 끓었다. 보통의 남자들처럼 남편도 아내의 수고는 당연한 것이고 그것을 불평하는 내가 마뜩치 않았다. 참 많이 싸웠다. 그리고 일방적으로 내가 나쁜 년으로 결론이 났다. 자기 엄마는 늘 해오던 일인데 너는 왜 못하고 안 하려고 해? 의아한 눈빛으로 노여워했다.

서울로 이사를 오자 줄줄이 시동생들이 멋대로 찾아와 방 하나를 차지했다. 시쳇말로 묻지도 따지지도 않았다. 모든 게 당연했다. 들어앉은 둘 중에 형이라는 위인이 동생에게는 하나 더 주더라는 시비도 걸었다. 하루 종일 백수로 늦잠 자고 차려주는 밥을 세 번 다 찾아먹고, 본가에 가서는 반찬이 뭐라는 둥 말을 건넸다. 친정 식구가 몇 번 왔다 갔다는 말도 전했다. 그때의 앙금으로 나는 지금도 그 존재를 싫어한다. 보면 한심하고 꼴같잖아서 말도 섞기가 싫다.

40년이 지났지만 남편의 집밥에 대한 집착은 버려지지 않았다. 오히려 더 심해 졌다고나 할까. 바이러스 여파로 외식이 쉽지 않으니 오로지 집밥 앞으로다.

요즘 들어 곰곰이 생각해 보면 이집 내력이 눈치가 없고 염치도 없다. 상대의 기분은 아랑곳 않고 제가 좋으면 들이대고 발 뻗는 특이한 체질들이라 내가 지긋지긋하다 골질을 했던 모든 게 환경의 차이에서 온 갭일 뿐이다. 그러니 안 살고 싶은 마음 꾹꾹 누르며 여기까지 와 있는 건 우유부단한 내 탓이다.

모든 게 내 탓이요 하면서 지키려고 마음 다 잡는 건 며느리에게 입 닫기이다. 절대로 간섭을 하지 않고 오라기 전에는 가지도 않을 것이며 한창 귀여운 손자가 눈에 삼삼해도 보러 가겠노라 나대지 않을 것이다.

눈치가 없는 게 상대를 얼마나 피곤하게 하는지, 염치가 없는 일도 얼마나 큰 민폐인가를 이 나이되고서야 깨달았다.

왜?

"왜요~~?"

한밤중에 전화를 걸어 어떤 일에 대해 왜냐고 묻는 이가 있었다.

늦은 시간에 전화를 했다는 사실에 화가 나 긴 말을 섞고 싶지 않았다.

그이는 늘 궁금한 게 많아서 '왜?'를 입에 달고 살았다. 남의 일이 왜 그리 궁금한 걸까? 말을 하는 중간에 톡톡 끼어들어 앞의 사정을 캐묻는 화상들도 있지만 이 사람의 '왜?'는 중증이었다. 유유상종이라고 같이 붙어 다니는 또 한 사람도 늘 남의 일이 궁금했다. 한 번은 얼굴 두어 번 봤을 뿐인데 전화를 걸어 호구조사를 했다.

'남편은 뭐해요? 어디 사세요? 아들만 둘이에요? 사업하시면 부자겠구나~!'

이 여자가 미쳤나? 뭐 이런 게 다 있어.

그 후로 그 둘과는 거리를 두고 상종하지 않았다. 아니다 다를까. 둘은 온갖 시비주비의 화근이었고 사람들에게 손가락질을 받았다. 희한한 건 '왜요?'는 그래도 순진한 면이 있어서 내숭을 떨지 않고 속을 드러내 그나마 사랑스러웠는데 다른 하나는 인상도 고약해서 정말 상대하고 싶지 않았다. 무슨 불만이 그리 많은지 허구한 날 찌푸리고 앉아 입을 삐죽이면서 누군가에게 시비를 걸었다.

그러니 누가 좋다고 해줄까. 시간이 가면서 제풀에 나가 떨어져 소식이 끊겼다.

제 욕심 차리느라 차 한 잔 산 일 없는 이들에게 경조사를 알리더니 볼 일이 끝났는지 슬쩍 자취를 감췄다. 늘 붙어 다니던 '왜?'가 전화를 걸어 종알거렸다.

자기한테 어려운 일이 생겨서 하소연을 했더니 온다 간다 말없이 연락이 끊기더란다. 어떻게 그럴 수가 있어요? 하기에 원래 그런 사람인데 자기가 몰랐던 거지. 본색이 드러난 거니까 그러려니 마음에 두지 말라고 위로를 했다.

그 '왜?'도 소식이 끊겼다. 속해 있던 단체에서 마음 상한 일이 있어서 아무도 만나지 않기로 했다고 하더니 수년 째 소식을 모른다.

가끔 그이가 생각나면 세상만사 궁금해서 어떻게 참고 사나? 웃음이 난다. 요즘 나도 왜를 자주 입에 올린다. 아는 게 많으면 먹고 싶은 게 많다더니 보이는 것 모두에 '왜?'라는 궁금증이 생겼다.

그이는 왜 그렇게 공짜라면 사족을 못 쓰는 거야? 갑질이 뭔지도 모르면서 갑질을 하는 누구는 어지간히 고생했던 사람인데 왜 남에게 함부로 대하는 거야? 어쩌다 마련한 집 한 칸으로 졸부된 기분인가 봐.

구급차를 불러 병원 출입을 하던 어느 부부는 되풀이되는 얌체 짓에 타당하지 않다고 거절당하자 관리실에 전화를 걸어 직원의 차를 타고 병원을 갔다고 해서 '어머나!' 했는데 심지어 데리러 오라고도 했단다. 그런 사람들의 뇌 구조가 궁금하다. 왜 그렇게 사는 걸까?

저마다의 잣대가 중심이 되는 피곤한 사람들.

나도 그중에 끼이면 큰일이니 매사 스스로에게 왜를 묻는 것도 나쁘지는 않을 것 같다. 남에게 왜냐고 묻지는 말아야겠지만.

월남여자

 1970년대 베트남 전쟁으로 혼란스럽던 시절, 한국도 전쟁에 끼어들어 군인, 일반인 등 수많은 사람들이 월남이라는 수만리 떨어진 낯선 나라에 발을 디뎠다.
 광풍처럼 돈벌이로 나선 월남 땅에서 한국 수컷들은 그곳의 여자들과 살림을 차렸다. 아무 책임감 없이 타국의 여자들에게서 자식을 낳고 한국에 있는 본처와 가족들에게는 그리움과 돈을 전했다.
 잠깐의 일탈로 치부했던 개 같은 인간들이 전쟁이 끝나자 월남여자들을 버리고 한국으로 돌아왔다. 시치미 떼고 돌아온 그것들은 공산치하에 들어가 곤란을 겪어야 하는 또 다른 가족을 외면했다. 손가락질 받고 온갖 수모를 견뎌야 하는 현지처(?)들이 난민이 되어 한국으로 찾아왔다.

 정부에서는 수컷들이 저지른 창피하고 면목 없는 짓들에 대해 책임을 지겠노라 난민들을 받아주고 각 기업에 몇 사람씩 할당을 했다. 정착할 수 있는 기반을 마련해 주라고 해서 마지못해 방 한 칸, 생활비 몇 푼이 지원되었다.

 그때 만난 이가 내가 근무했던 회사에 할당이 된 난민신분의 월남여자였다. 한국말을 못하니 누군가 데리고 다니며 집도 구해주어야 했고 은행 일도 돌봐야 했다. 총무과 담당이 남자라서 불편하고 영어도 못한다며 사람을 소개해 달라고 해서 친구를 연결해 주었다. 영어로 소통이 가능한 그 여자는 특이하게 남동생을 데리고 탈출을 해서 한국 남편을 찾아왔는데 수소문을 하니 역시나 그 남자는 가정이 있었다. 약간의 양심은 있었는지 정착을 돕겠다고 남동생의 학비와 월남 마누라의 생활비를 책임지겠다고 해서 친구가 통역을 했다.

 "너랑 살 수가 없대! 미안한데 돈은 부쳐줄게 연락은 하지 말아 달래."

 깡마르고 까무잡잡하던 그 여자의 얼굴이 눈물범벅이 되는 걸 보고 안쓰러웠지만 저이는 정말 남자가 자기를 한국에 데리고 와서 행복하게 살게 해 줄 거라고 믿었던 걸까? 의아스러웠다. 순박해서 정말 사랑하노라 믿고 남자를 찾아 온 걸까. 한국 부인의 입장에서는 몸을 파는 현지 여자일 뿐이라 떨쳐내고 영원히 보지 않았으면 하는 존재였을 것이다.

본가에 알려질까 전전긍긍한다던 한국남자는 어디서 무엇을 하는 인간인지 알 수 없지만 그 작고 마른 월남여자는 동생을 데리고 어떻게 살아냈을까. 친구가 가엾어 하며 꽤 오랫동안 돌보았는데 동생은 초등학교 5학년에 다니게 되었고 당분간 생활비는 걱정이 없으니 기술을 배우겠다고 해서 재봉틀 학원에 등록 시켰다고 씩씩하게 살 것 같아 안심이 된다고 했다.

세월이 흘러 친구도 나도 그곳을 떠났고 그이의 소식은 끊어졌다. 아비규환 속에서 맨 몸으로 피붙이를 데리고 보트피플을 감행했던 그이가 잘 살아내어 지금은 고향으로 돌아갔을지도 모르겠다. 딸로 인해 불이익을 당했을지도 모를 부모, 형제들에게 작은 보답이라고 했을 거라고 상상해 본다. 그리고 수컷들이 저지른 만행을 용서해주기를…. '라이따이한'이라는 한국계 핏줄들에게 낯 뜨거운 미안함을 전해 본다.

예쁜 당신들

 즐겨보는 음악 프로가 있는데 장수 프로그램이라 꽤 많은 가수들이 출연을 했었다. 그 방송을 통해 묻혔던 실력을 인정받아 뒤늦게 빛을 본 무명 가수들의 훈훈한 뒷이야기도 있어서 이번에는 누가 빛을 보려나 관심도 커졌다. 그런데 시쳇말로 박수칠 때 떠나라는 얘기처럼 점점 식상해지기 시작했다.
 오래 자리를 지키며 재담을 뽐내던 MC들이 하차하고 요란한 몸짓으로 시선을 끌어보려는 의욕만 가득한 방송인이 그 자리를 대신해서 채널을 돌리게 되었다. 음악방송인지 개그 무대인지 애매모호하게 변질되었고 다른 사람에게도 기회를 주어야 맞는 것 같은데 이제는 무슨 경합대회로 변질되어서 단골 출연자들이 기를 쓰고 우승에 목을 매니 어느 때는 정도가 지나쳐 보기가 불편했다.

  실력이 있다고 자타가 공인하는 가수는 '우승은 당연히 나지?' 하는 표정이 역력하고 출연해서 얼굴을 알리는 것에 목적을 두었던 신인들은 아니면 말고의 태도가 눈에 보인다.

  얼마 전에도 이제 이름을 알리기 시작했다는 가수는 신인도 아니고 그렇다고 스타급에는 못 미치는 중간 정도의 자리에서 유독 '나 예쁘지?' 하는 표정으로 일관했다. 예쁜 사람이 노래도 잘하면 금상첨화겠지만 노래보다는 예쁨을 내세우고 싶은 욕심에 눈만 동그랗게 뜨고 앉아 왕년의 누구를 닮았다는 자랑 아닌 자랑을 입에 올리면서 속옷 보일까 보는 사람 아슬아슬 마음 졸이게 하는 짧은 치마를 펄럭이며 춤까지 춘다. 아직 어린 나이라면 귀엽다 싶겠지만 그런 나이는 아니니 한심하다고 해야 할까.

  방송 프로그램 하나에 수많은 연예인들의 생계(?)가 걸려 있다고 해도 과언이 아니지만 진행하는 머리들이 조금 더 반짝였으면 좋겠다. 나 예뻐요 하고 안달을 하는 자기애는 꼴불견이다.

  여고 시절 대 여섯 명의 아이들이 '예쁜이 클럽'이라며 자기네들끼리 몰려다녔다. 유치하고 철없던 시절이었기에 그럴 수도 있었을 것이다. 본인들 말처럼 한 명 한 명 다 예뻤다. 깜

찍하거나 청순한 외모였고 하나같이 날씬했다. 친구들의 반응은 '어떻게 지네 입으로 예쁜이라고 하냐?' 하며 비웃었고 두어 명 빼고는 성적이 별로였기에 거울 볼 시간에 영어 단어나 외우라고 해라 하면서 이죽거렸다.

 나도 그 아이들이 마음에 들지 않았다. 영화배우만큼 예쁜 것도 아니면서 공주병에 걸려 우쭐거리는 게 유치해 보여 한심한 것들로 치부했다. 그때의 공주들은 지금도 예쁘다고 턱을 치켜들고 다니고 있을지 궁금하다. 그 병은 나이 들어도 쉬이 낫지 않는 것 같으니 아마도 평생을 그렇게 살았을 것이다.

 나이가 들고 보니 사람의 인품이 눈에 보이는 것 같다. 처음 만났어도 점잖구나 하는 느낌도 있고, 말 한마디에 인성이 보이는 경우도 있다. 무엇보다 사람을 함부로 대하는 교만한 경우에는 두 번 다시 보고 싶지 않다는 생각에 눈을 마주치지 않는다. 강자에 약하고 약자에 강한, 상식적이지 않은 무례한 사람들이 어디 한둘이었던가.

 그러고 보니 차라리 나 예쁘다고 천둥벌거숭이로 나대는 이들이 사람냄새가 난다.

 내숭떨면서 교활한 속셈을 감추는 이중인격보다는 그래도 낫다고 해야 할까.

만나지 않아도 좋을 사람

'만나지 않아도 좋을 사람'이라는 타이틀에 끌려 채널을 고정시켰다.

살아가면서 만나는 많은 사람들 속에서 굳이 만나지 않고 싶은 사람. 출연자 중에 장례지도사가 있었다. 젊은 여성이 감당하기 힘든 직업이기도 한데 왜 그이는 그 직업을 갖게 된 걸까?

그이는 자신의 할머니 장례식 때 염을 하는 사람이 시신을 물건 다루듯이 하는 걸 보고 놀랐다고 했다. 할머니의 주검이 자신에게는 먹먹한 슬픔이었는데 너무나 형식적인 손놀림에 충격을 받은 거였다.

그러다 어느 날 장례지도사라는 직업이 있는 걸 보고 선택했고 후회해 본 적은 없다고 했다.

　마지막을 성의껏 최선을 다해 정중히 인사를 마치는 일이 보람된다니 일반적이지 않은 곧은 성품이다 여겨졌다.

　고독사라는 죽음을 마주하면 덧없는 생이 가엾고 슬프다고 한다. 가장 기억에 남는 일은 딸이 어머니를 보내면서 '나중에 내 딸로 태어나세요. 내가 정말 잘 해드릴게요.'라고 인사를 하기에 가슴이 찡했다고 한다.

　그리고 그이는 사랑하던 남편을 직접 수습해서 장례를 치렀다고 했다. 겨우 십년을 살고 병으로 이별을 하게 된 남편의 마지막을 추스르면서 '내가 할 수 있어서 다행이었다'고 표현을 했다. 그 말이 큰 울림을 주었다.

　별을 사랑하던 남편이 남긴 하늘에서 빛나는 별의 사진. 병중임에도 그가 소원하는 마지막 여행을 보내주고 행복해 하던 남편을 기억하게 되어서 다행이었다는 그이에게 남겨진 마지막 사진에서 남편은 별이 되어 웃고 있었다.

　어쩔 수 없이 만나지는 삶속의 인연들.

　마지막 길에 그이를 만난 사람은 다행이 아닐까.

　또 다른 하나는 죽음이 남긴 자리를 치우는 직업이었다. 험한 자리를 마주해야 하는 직업이라 처음에는 밥도 먹을 수 없었다고…. 이제는 단련이 되어 떠난 사람의 과거를 짐작하고 허무한 그 생을 위로하게 되었다고 했다.

고독사라는 슬픈 죽음을 만나게 되면 먼저 위로를 하고 남긴 자리를 수습하는데 어느 때는 도둑이 다녀간 양 쑥대밭이 된 집안이 있어 알아보면 가족이라는 사람들이 죽은 이가 남긴 돈, 통장, 문서 등을 찾느라 마구 뒤져서 그렇게 된 거였다고 한다.

못 찾은 돈이라도 있으면 의심의 눈초리도 보낸다는 사람들. 부모였음에도 고인의 사진을 쓰레기더미에 버리고 가는 자식들에게 억지로 사진이라도 챙기라고 했더니 마지못해 액자를 깨고 사진만 달랑 꺼내는데 그 사진 뒤에서 고인이 남긴 돈 봉투가 나왔고 희희낙락한 그들은 뒤도 안 돌아보고 자리를 뜨더라고 했다.

그 영상을 보면서 사람이 사람답게 사는 게 참 별거 아니구나 싶기도 했다. 깊이 들여다보면 부모 노릇, 자식 노릇에 얼마나 게을렀기에 마지막까지 홀대를 받아야 했던 걸까.

내가 사는 세상에서 노릇에 게으르면 가는 길이 그리 서러운 것을 잊고 사는 지금. 유아기 때의 희미한 기억부터 떠올리며

차근차근 정리해 본다.

 만나지 않아도 좋을 사람은 없으니 만나지는 사람들에게 조금은 너그러워져야 할 것 같다.

광기에 물들다

 채널을 돌리면 광기로 번들거리는 입들이 난타전이다. 식상하고 혐오스럽다는 생각이 들어 정치를 하면 다 저렇게 쓰레기가 되는 건가 의아스럽다. 적당을 넘어서면 광기가 된다.
 나는 좌파를 혐오하지만 좌파를 난도질하는 우파들의 침 튀기는 아우성도 싫다. 그이들은 중간이 없다. 남의 의견도 아랑곳 않는다. 자기들의 의견만이 법이고 진실이다. 믿거나 말거나 수준의 말들을 듣고 와서는 진실인 양 핏대를 세우며 목청을 돋운다.
 전화로 떠드는 소리에 수화기를 내려놓고 심호흡을 했다. 이성이 마비된다는 게 이런 거구나 싶었다. 초등학생도 웃고 갈 엉터리 이론을 들이대며 흥분을 하는 모습이 떠올라 화가 치밀었다. 나를 바보로 취급하고 이따위 소리를 하는구나 괘씸하기도 했다. 열심히 타이르더니 제풀에 지쳐 전화를 끊었다.

광기로 물든 세상이다.

독기만 남은 여자가 입만 열면 안하무인이고 그런 걸 감싸느라 체면도 없이 끼고 나댄다. 힘을 실어 주는 거란다. 공정이 없는 세상인데 공정하다고 어깃장을 부리니 이제는 보기에도 지쳤다. 회원으로 가입한 카페에서 누군지도 모르지만 한 사람이 유독 정치성 발언을 하며 혼자 즐겁다. 어느 때는 '여러분~ 대통령을 잘 뽑아 놓으니 이렇게 나라가 잘 되가네요!' 자화자찬이다. 서울시장 사건 때는 명복을 비네 어쩌고 하다가 욕을 한 바가지 먹고 글을 지웠다.

피해자는 가해자가 되어 온갖 고초를 겪어야 하고 죄지은 자의 충신들은 법도 없고 양심도 없는지 덮고 감추느라 입도 바쁘고 손도 바쁘다. 희한한 세상이다.

제 식구 감싸기가 인지상정이지만 아닌 것은 아니지 않은가.

혜택을 받는 것도 없는 세대가 유난한 사랑으로 임 향한 일편단심이다.

그들의 심리가 알고 싶다. 피폐한 감성의 주인공들. 왜 그들은 광기를 광기가 아니라고 믿는 걸까? 불공정의 아이콘들이 연일 언론을 장식하는데 그저 탄압이고 헐뜯기라고 믿는 뇌구조의 무리들이 이 나라를 잠식하고 있다는 게 두렵다.

물갈이를 해야 한다는 그들의 저주를 먹고 사는 우리 세대는 가면 그만이지만, 남아 있고 이어져갈 아이들의 미래는 어떻게 될까? 그들만의 세상에서 행복할 수 있을까.

광기의 그림자가 지워지기를 바란다.

금수저와 흙수저의 식탁

오래전에 젊은 사람들이 주로 모이는 강남역 인근에서 친구를 만나 식당을 찾았다.

예외 없이 젊은이들이 넓은 식당을 가득 메우고 있었다. 주머니가 가벼운 사람에게는 부담이 가는 메뉴가 주를 이루는 식당이었는데 학생으로 보이는 앳된 얼굴들이 많았다. 삼삼오오 모여서 골고루 시킨 음식을 즐기며 깔깔대고 있었다.

얼핏 보아도 수 만원이 넘겠다 싶었다. 그 학생들을 바라보던 친구가 '부모 등골을 빼고 있구나.' 나직이 중얼거렸다. 친구도 나도 대학교에 다니는 아이들이 있어서 뒷바라지가 버겁던 시절이었다. 더구나 친구는 여대에 다니는 딸이 친구들에게 뒤처질세라 예쁜 옷도 사주어야 하고 용돈도 챙겨주느라 본인은 옷을 사 입어본 지가 오래라고 허탈하게 웃고는 했었다. 물론 형편이 되니 학생신분에 그리 호사를 하겠지만 나도 마음이 씁쓸했다.

부모의 짐을 덜어 보겠다고 열심히 아르바이트하는 젊은 사람들이 넘쳐나는데 일부의 금수저(?)들이 호사를 누리는 게 마뜩찮았다. 자리를 일어서 나가는 그네들의 식탁을 보니 반도 먹지 않고 남긴 음식들이 대부분이었다. 샐러드도 휘저어 놓고 파스타는 종류대로 시켰는지 먹고 남긴 양이 반도 넘었다.

"남의 집 기둥을 뺄 ×들."

욕을 내뱉다 친구가 픽 웃었다.

"내 딸년도 저러고 다니려나?"

아쉬운 것 있을까 응석받이로 키우다 보니 딸들이 예사로 음식을 남기고 식당에서도 이것저것 마구 시켜서 골고루 맛을 보겠다고 한단다. 자기가 잔반처리 전문이 되어 남긴 음식을 먹기도 하고 포장을 하기도 하는데 보고 느끼는 게 없는지 버릇을 고치지 못해 시집보내기 겁난다고 실소를 터뜨렸다.

남의 집 자식들 탓할 게 하나 없다며 요즘 아이들은 부모가 다 버려 놓았어. 결론을 내렸다.

그 아이들이 벌써 제 식구 거느린 가장이 되고 어미, 아비

되어 금이야 옥이야 제 새끼 위하느라 정신이 없다. 최고가 아니면 먹이지도 입히지도 않는 젊은 부모들. 내 눈에는 다 돈으로 보이는 일회용 기저귀와 개월 수에 맞춘 장난감들. 갈 때마다 손자의 짐이 늘어나 있다. 그래서 그 짐 때문에 아파트 평수를 늘려야 한단다. 격세지감이라고나 해야 하나. 우리 때에는 단칸방이 어쩌고저쩌고 운운하기에는 진부하고 어쨌거나 건강하게만 키워라 하고는 입을 닫는다.

집집마다 같은 풍경이라 굳이 수저 타령을 할 필요도 없다. 진짜 금수저는 태어나면서 이미 건물주가 된다니 서민들의 수저가 금, 은, 동을 벗어나 흙이라 한들 무슨 대수일까. 개천에서 용이 난다는 말도 이제는 어불성설이고 줄 게 없으면 능력이라도 키워주어야 하니 한반도가 교육열로 들끓는 게 아니겠는가.

금쪽같은 내 새끼들을 위해 발 벗고 뛰는 세상이다.

연예인들이 앞장서서 식탁에 금수저를 놓겠다고 거품을 무니 흉내라도 내야 하는 일반인들의 부모노릇이 고달프다.

손자가 벙싯 웃는 걸 보면 단순한 내 머리가 셈을 시작한다. 탈탈 털면 저 예쁜 녀석에게 금포크 하나는 사줄 수 있을까?